공허에 대하여

The Eloquence of Silence

Copyright © 2023 by Thomas Moore
All rights reserved.
Korean translation rights arranged with Aevitas Creative Management,
New York through Danny Hong Agency, Seoul.
Korean translation copyright © 2025 by Hankyung Magazine&Book Inc.

이 책의 한국어판 저작권은 대니홍 에이전시를 통한
저작권사와의 독점 계약으로 (주)한경매거진앤북에 있습니다.
저작권법에 의해 한국 내에서 보호를 받는 저작물이므로 무단전재와 복제를 금합니다.

공허에 대하여

삶은 —— 비운 후 비로소 시작된다

토마스 무어 지음 | 박미경 옮김

한국경제신문

《공허에 대하여》에 바치는 찬사

이 책이 다양한 예를 들어 소개하는 공허함이란 조금도 부정적이거나 소극적인 의미가 아니고 온전한 채움을 위한 비움, 참된 자아와 이웃을 더 잘 만나기 위한 물러섬을 말합니다. 공허가 채워주는 참 행복을 기대하며 공허를 자꾸만 더 갈망하고 맛보고 싶게 만드는 책이 바로 여기 있네요. 공허에 대한 그리움만으로도 영혼의 자유를 얻는 책!

이해인 수녀, 시인

토마스 무어는 이 책에서 선불교에서 말하는 공空과 노자가 말하는 무위無爲의 정신이 무엇인지를 지혜로운 할아버지가 손자에게 이야기해주듯 흥미로운 일상적인 에피소드들을 예로 하여 조곤조곤 설명해준다. 이 책을 읽다 보면 누구나 부지불식간에 자신을 비우게 되면서 마음이 평온해지고 충만해지는 것을 경험하게 될 것이다. 비우는 법을 망각하고 갖가지 소비품과 업적, 그리고 명성 등으로 자신의 삶을 채우려다 피폐해져 버린 사람들에게 조용히 건네주고 싶은 책이다.

박찬국 서울대 철학과 교수

어쩌다가 우리가 이 지경까지 되었는지 모르겠습니다. 이 시대야말로 결핍이 결핍된 시대입니다. 너나없이 그렇습니다. 우리는 지금 너무 많은 것을 가지고 있으면서도 더 많은 것을 갖고 싶어 아등바등 물에 빠진 사람처럼 허우적거리는 사람들입니다. 빈곤이 아니라 풍요의 늪입니다. 풍요하면서도 풍요를 모르는 맹목盲目, 눈멀음입니다.

마땅히 비워야 하고 줄여야 하는데 그런 생각을 아예 해보려고 하지도 않습니다. 만족 없는 세상이 우리를 불만족의 세상으로 이끕니다. 어쩌겠습니까! 이런 때는 좋은 말씀에 귀를 기울이면서 자신을 돌아보고 자신의 발밑을 살펴야 합니다. 이렇게 하는 데에 가장 적절한 책이 바로 《공허에 대하여》 이 책이라고 생각합니다.

이 책이 우리에게 겸손을 알려줄 것이고 근면과 검소와 정직과 타인 배려를 가르쳐줄 것입니다. 비어 있는 컵은 절대로 비어 있는 컵이 아닙니다. 그 안에는 공기가 들어 있고 또 비어 있음으로 다른 무엇인가를 채울 가능성이 들어 있습니다. 맑고 밝은 이 책이 우리네 삶에 부족한 청빈의 아름다움과 고귀함을 가르쳐줄 것입니다.

나태주 시인

이 귀한 책은 침묵과 공허 속으로 떠나는 특별한 여정으로, 삶의 모든 측면을 어루만지며 깊은 깨달음을 선사한다.

조앤 지코 핼리팩스 '우파야 선 센터'의 주지이자
《가장자리에 서서 Standing at the Edge》의 저자

나는 '비움의 가치를 칭송하는' 토마스 무어의 우아하고 세련된 방식에 우렁찬 박수를 보낸다. 여기서는 심지어 '아무것도 없음'이 풍요로움이 될 수 있다. 이것은 단순한 책이 아니라 명료한 의식의 세계를 수정 구슬처럼 보여주는 마술이며, 우리가 미처 깨닫지 못했던 마법과 자유로 향하는 문을 때로는 명쾌하게, 때로는 유쾌하게 열어주는 명상이다.

빌 플롯킨

《영혼을 가꾸는 기술Soulcraft》, 《영혼을 깨우는 여정The Journey of Soul Initiation》의 저자

나는 토마스 무어의 공허에 관한 책을 읽다가 그 안에서 놀라울 만큼 풍요로움을 느꼈다. 《공허에 대하여》에서, 토마스 무어는 공허가 '아무것도 없음nothingness'이나 '아무것도 중요하지 않음nothing matters'을 뜻하는 게 아니라 온갖 방대한 의미와 광활한 가능성을 품고 있다고 역설한다. 이 책을 읽고 관심을 기울인다면 누구에게나 상당히 유익할 것이다.

데이비드 채드윅

《구부러진 오이Crooked Cucumber: The Life and Zen Teaching of Shunryu Suzuki》의 저자

《공허에 대하여》는 감동적인 이야기로 우리의 불안한 마음을 달래준

다. 공허에 관한 다양한 이야기와 해설은 온갖 세상사에 담긴 무한한 가능성을 보여주며 이러한 깨달음이 삶에 기쁨을 선사한다. 토마스 무어는 참으로 자상하고 편안하게 이야기를 풀어낸다. 이 책을 읽다 보면, 세상이 점점 느리게 돌아가고 이야기가 다리를 놓으며 고요함이 마음 깊숙이 스며든다. 게다가 굉장히 재미있어서 나는 앉은 자리에서 한달음에 읽었다.

존 타란트

《어둠을 밝히는 빛 The Light Inside the Dark: Zen, Soul, and the Spiritual Life》의 저자

손다이크 연못에서 흥겹게 지저귀는 물새들에게

이 책을 바칩니다.

우리는 헤아릴 수 없이 풍부한

미스터리로 둘러싸여 있다.

이를 조금이라도 탐구하고 파헤치며

우리의 열정을 쏟아볼 수는 없을까?[1]

헨리 데이비드 소로

목차

머리말 ·· 13

반지 없는 손가락 ································ 20

화살 없는 활 ······································ 26

문과 창문 ··· 33

빈 접시 ··· 38

줄줄 새는 자루 ··································· 44

고요한 밤 ··· 53

가장 자연스러운 상태, 무無 ················ 60

오이 샌드위치 ···································· 69

운전사가 없다 ···································· 76

분자를 깨뜨리라 ································· 83

포도주가 다 떨어졌다 ························ 91

빈 마차 ··· 99

우리는 흔적으로 남는다 ···················· 104

내 허벅지는 어디로 사라지는가? ······ 109

다른 것은 없었다 ······ 115

노력을 멈추라 ······ 122

말이 필요 없다 ······ 129

호랑이 몇 마리? ······ 137

빈 화분 ······ 144

망각 ······ 151

떠나고 없어도 ······ 160

썩어가는 대나무 ······ 166

모르는 줄 알기 ······ 171

잃어버린 사발 ······ 178

배에는 아무도 없다 ······ 186

《반야심경》 ······ 192

곁에 없는 하나님 ······ 201

신성한 무지 ······ 207

무소유無所有 ······ 213

신발은 많지만 발은 없구나 ······ 219

그릇에 죽이 없다 ······ 224

대가 없이 얻는 것은 없다 ······ 233

머피의 마음 ……… 240
말하지 않기 ……… 248
조용한 개구리 ……… 255
여운이 남는 미소 ……… 261
흐름을 따르라 ……… 269
민머리 ……… 274
신기한 가게 ……… 280
텅 빈 건물 ……… 290

후기 ……… 296
감사의 글 ……… 300
참고문헌 ……… 303

머리말

《영혼의 돌봄》이라는 책을 막 출간하고 오리건주 포틀랜드의 한 서점에서 강연을 앞두고 있었습니다. 이름도 잘 알려지지 않은 작은 서점이었지만, 작가 인생에서 첫 장거리 강연이라 마음이 설레더군요. 뉴잉글랜드에 있는 집에서 멀리 떨어진 데다 결혼식이 고작 2주밖에 남지 않은 시점이었습니다. 어떻게 입어야 할지 감이 오지 않았지만 좋은 인상을 주고 싶어서 새로 맞춘 양복을 걸쳤습니다. 내가 가진 유일한 양복이었죠.

그때는 책이 1,000부만 팔려도 행복할 것 같았습니다. 성공할 거라는 희망이 거의 없었으니까요. 앞서 출간한 네 권은 다 합쳐서 500부도 팔리지 않았거든요. 이번 책도 발행인을 실망시킬 게 분명했습니다.

30분쯤 일찍 도착한 서점은 깜짝 놀랄 만큼 작은 규모였습니다. 서점이라기보다는 기념품 가게에 가까워서 선반 여기저기에 책이 몇 권씩 놓여 있을 뿐이었어요. 혼자 기다리고 있던 주인은 나를 보자 깜짝 놀라더군요. 내가 뉴잉글랜드에서 그 외진 곳까지 달려와 준 게 믿기지 않는 눈치였어요. 그는 이런 행사엔 사람들이 대체로 늦게 온다면서 잠시 앉아서 기다리라고 했습니다.

나는 가게에 있는 나무 벤치에 앉았습니다. 의자에 니스칠을 한 지 얼마 안 됐다는 사실을 나중에야 알았습니다. 결혼식에 입으려던 양복 뒤쪽에 얼룩이 생기고 말았지요. 이미 엎질러진 물이라 그냥 앉아서 기다렸습니다. 기다리고 또 기다렸습니다. 강연 예정 시간이 30분쯤 지나자, 서점 주인은 아무도 안 올 것 같으니 호텔로 돌아가는 게 좋겠다고 하더군요.

나는 기대가 크지 않았기에 별로 실망하지도 않았습니다. 오히려 내 예감이 맞았다고 생각하면서 호텔로 터벅터벅 걸어왔습니다. 내가 쓰는 책에는 아무도 관심을 기울이지 않을 테니, 손님 하나 없는 서점과 무심한 주인들에게 익숙해져야겠다고 생각했죠. 아니면 다른 일로 먹고살 궁리를 해야 할 것 같았습니다.

그런데 다음날 밤, 시애틀의 드넓은 엘리엇 베이 서점에는 200명 가까운 사람이 모였습니다. 시끌벅적한 사람들 앞에서 나는 스탠드업 코미디라도 하는 양 신나게 떠들었습니다. 앞으로 먹고살 방안을 한 가지 마련한 기분이었죠. 책이 엄청나게 팔렸습니다. 그 책 《영혼의 돌봄》은 전 세계 수백만 독자들의 사랑을 받았습니다.

이번에 출간한 책은 공허에 관한 이야기입니다. 여기서 말하는 공허$^{空虛, emptiness}$는 단순한 '제로^{zero}'나 '아무것도 없음^{nothingness}'을 뜻하지 않습니다. 오히려 어떤 활동에서 과도한 통제나 고정관념이나 자기중심적 사고에서 벗어나게 해주는 특질을 의미합니다.

포틀랜드에서 보낸 그 공허한 저녁은 내게 일반적인 성공에 집착하지 말라고 가르쳐 주었습니다. 내 작품이 받아들여지는 방식에 무덤덤해지라고, 누군가가 나타나서 칭찬을 하든 말든 자신의 작품을 소중히 여기라고 가르쳐 주었습니다. 이는 인도 철학에서 수냐타^{sunyata}로 알려진 교훈으로, 특별하고 깊은 영적 의미를 지닌 공空의 상태를 말합니다. 수냐타는 탐구하고 성찰해야 할 사상이자, 위대한 《반야심경般若心經》과 현자 나가르주나^{Nagarjuna}의 방대한 이론적 저술에서 중심이 되는 신비로운 개념입니다. 아울러 집착에서 벗어나 열린 마음을 중시하는 태도이자 삶의 방식이기도 합니다.

이 책은 공허에 관한 전통적 이야기와 생각을 담고 있습니다. 나는 영적 전통, 민간 설화, 문학, 내가 살아온 삶에서 다양한 이야기를 끌어내고, 각 이야기가 일상생활과 어떻게 연결되는지 성찰합니다. 빈 화분, 장식 없는 손가락, 화살 없는 활, 빈 무덤 같은 이야기는 공허라는 위대한 영적, 철학적 개념을 암시하지요. 내가 경험한 빈 서점은 무수한 예시 중 하나에 불과합니다.

이 책을 읽고 나면 빈 상자, 극장의 빈 좌석, 북적이는 공간 속 고요한 침묵 등 삶의 모든 면에서 평범한 공허의 사례를 발견하고 그 안에 담긴 미스터리와 시적인 의미를 깨달을 것입니다. 또한 예상치 못한 의미의 원천을 알게 되면서 다양한 형태의 공허를 삶에 받아들일 수 있을 것입니다. 이게 바로 내가 영적 공허를 바라보는 방식입니다. 즉, 열린 마음과 깨어 있는 태도로 삶을 진지하면서도 가볍게 수용하는 것입니다.

조금만 궁금해도 금세 정보를 검색하고 주변을 신상품으로 가득 채우려 하는 현대인에게, 공허는 전혀 인기 있는 개념이 아닙니다. 공허한 상태는 쓸모없고 비생산적으로 보입니다. 어떤 의미에서는 실제로 그렇기도 합니다. 하지만 우리는 어쩌면 너무 많은 상품을 만들어내고 너무 많은 말을 내뱉지는 않나요? 심지어 생각조차 지나치게 많이 하는 것 같습니다. 포틀랜드의 빈 서점에서 나는 중요한 교훈을 얻었습니다. 아무것도 없이 사는 법을 배웠고, 소설가 필립 로스Philip Roth가 말한 '인간의 오점human stain', 즉 원죄와 인간의 불완전함을 받아들일 수 있었습니다. 아무리 완벽해지려고 노력해도 삶에는 결국 우리를 비워내는 힘이 있습니다.

직장에서 해고되거나 배우자와 사별하거나 친구를 잃으면 오랫동안, 어쩌면 영원히 공허를 느낄지도 모릅니다. 그 상실의 감정은 때때로 인생 자체가 공허하며, 그 공허 속에서 새로운 삶을 찾을 수 있다는 깨달음을 가릴 수 있습니다. 그러나 공허가 불러일으키는 어두운 감정 속에서도 어딘가에서는 희미한 빛의 흔적이 나타납니다.

우리는 공허의 진가를 인정하고 일상적 경험으로 삼는 법을 배울 수 있습니다. 그러면 삶이 바쁘게 돌아갈 때도 마음의 평화와 위안을 얻을 수 있습니다. 또한 지나치게 많은 일을 벌이거나 과도하게 생각하고 느끼려는 경향을 균형 있게 조절하는 데도 도움이 됩니다.

물론 영적 공허는 훨씬 깊은 곳까지 영향을 미칩니다. 당신의 신념과 가치관은 완전하지 않으며 언제나 빈틈이 존재합니다. 그러니 거기에 너무 집착하거나 곧이곧대로 받아들이거나 너무 심각하게 여기지는 마세요. 공허는 당신이 앞으로 나아가고 유연성을 유지하도록 도와줍니다. 그 덕에 당신은 타인의 생각과 가치관에 마음을 열고 변화하고 발전할 준비를 할 수 있습니다.

어엿한 성인으로 살아가면서 더는 도움이 되지 않는 부모나 가족의 영향력에서 벗어나야 할 수도 있습니다. 어떤 지역에서는 시대에 뒤떨어진 관점과 가치관에 집착하므로 학교나 교회나 지역 사회에서 배웠던 '진실'을 버려야 할 수도 있습니다. 오랫동안 소중히 여겼던 생각과 의견을 내려놔야 할 수도 있습니다. 그렇게 비우는 과정이 항상 쉽지만은 않습니다.

우리가 하는 모든 일에 공허를 포함하면 일상생활에서 엄청난 해방감을 누릴 수 있습니다. 나는 이것이야말로 삶의 의미를 찾는 가장 중요한 관문이라고 생각합니다. 그러나 현대 사회는 공허의 가치를 이해하지 못한 채, 삶의 모든 순간을 활동이나 설명이나 목적으로 채우려는 강박에 사로잡혀 있습니다. 우리는 이러한 압박에 맞서야 합니다. 먼저, 과도한 활동을 부추기는 주변의 유혹을 뿌리치세요. 그런 다음, 일이 자연스럽게 흘러가도록 둘 때 찾아오는 평온을 즐기세요.

반지 없는 손가락

✦

나스루딘은 작은 마을의 영적 지도자이자 스승이었다. 다소 특이하고 종잡을 수 없는 면이 있긴 했지만, 영적 지도자인 물라^{mullah}로 존경받는 인물이었다.

어느 날 마을에서 인품이 좋다고 알려진 한 사내가 그에게 찾아와 소식을 전했다.

"사업상 먼 곳으로 이주하느라 아름다운 우리 마을을 떠나야 하고, 영적 지도자인 스승님과도 헤어져야 하니 참으로 애석합니다."

사내의 말을 들은 나스루딘은 슬픈 얼굴로 말했다.

"자네가 떠난다니 무척 안타깝구려. 앞으로도 우리와, 또 나와 연락하며 지내길 바라네."

"먼 곳에 떨어져 살면 어떻게 될지 잘 모르겠습니다." 사내가 말했다. "그래서 곰곰 생각해봤습니다. 스승님이 오른손 손가락에 낀 멋진 반지를 예전부터 동경했는데, 그 반지를 제게 주시면 어떻겠습니까? 제 손에 끼워진 반지를 볼 때마다 스승님을 생각하겠습니다."

그런데 나스루딘에게는 미덕도 있었지만 평범한 결점도 있었다. 그가 유독 싫어하는 한 가지는 자신에게 소중한 물건을 남에게 내어주는 일이었다.

"나한테 더 좋은 생각이 있네. 반지는 그냥 내가 끼고 있겠네. 그러면 자네는 손을 쳐다볼 때마다 반지가 없는 손가락을 보고 나를 떠올리지 않겠는가."[2]

이 이야기는 공허를 완벽하게 보여줍니다. 무언가를 보는 대신 아무것도 못 보지만, 그 '아무것도 없음'이 오히려 깊은 의미가 있습니다. 사내의 태도에는 특별한 점이 없습니다. 스승과의 인연이 끊어질까 싶어 무언가를 찾으려고 하지요. 우리는 변화와 상실 앞에서 흔히 이 사내처럼 행

동합니다. 뭐라도 찾아서 그 빈자리를 채우려 듭니다.

하지만 나스루딘은 보기보다 더 지혜로운 사람입니다. 역설적인 가르침으로 재치와 유머가 얼마나 중요한지 몸소 보여줍니다. 그는 사내의 공허에서 새로운 가능성을 포착하고 더 나은 아이디어를 떠올립니다. 그리고 공허를 긍정적인 방식으로 제시하면서 스승과 제자의 관계를 더 깊어지게 합니다. 반지가 없어 눈에 띄지 않는 빈 손가락이야말로 완벽한 해결책입니다.

이 이야기는 더 폭넓은 질문으로 이어집니다. 우리 관계에서 공허는 어떤 위치를 차지할까? 때로는 친밀감과 사랑을 나타내는 물리적 표식이 없는 게 더 나을까? 사랑하는 사람의 애정을 의심하는 게 좋을까? 사랑의 표현으로 활용하는 것들이 오히려 짐이 되진 않을까? 기념일이나 밸런타인데이에 흔히 값비싼 선물을 하는데, 차라리 아무 선물도 하지 않는 편이 더 좋을까? 혹은 비용이 거의 또는 전혀 안 들고 전통적이지 않으며 뚜렷한 메시지가 없는 선물, 즉 공허한 선물을 준비하는 게 더 나을까?

내가 밸런타인데이에 가족에게 했던 가장 만족스러운 선물은 직접 만든 작은 책자였습니다. 라이너 마리아 릴케의 시 몇 편을 번역해서 간단한 해설을 곁들였죠. 비용이 거의 안 들었고 딱히 쓸모도 없었습니다. 가족과 친구들 몇 명을 제외하고는 그 가치를 알아줄 사람도 별로 없을 만큼 소박한 책자였죠. 상업적 의도가 없어서 다섯 부만 제작했습니다. 이 소책자 프로젝트는 특별한 기대나 대단한 의미가 담겨 있지도 않았습니다. 그래서 겉보기에는 텅 빈 느낌이었지요. 하지만 그 공허함 자체가 깊은 만족을 주었고, 그 비어 있음이 오히려 내게 오래도록 남는 기쁨을 선사했습니다.

"손가락에 낀 반지를 주지 말라. 너무 많이 베풀지 말고, 당신에게 중요한 것을 간직함으로써 생기는 공허의 의미를 상대가 스스로 깨닫게 하라."

나는 나스루딘의 이러한 지혜를 따르며 살고자 합니다. 베푸는 행위가 겉으로는 관대해 보이지만 속으론 이기적일 수 있습니다. 한없이 베풀면서 감정적 보상을 얻을지 몰라도, 결국 보이지 않는 이기심이 우정을 해치기도 합니다.

 특정한 상황의 공허에 대해서는 여러 관점에서 설명할 수 있을 것입니다. 하지만 진정한 공허에서는 어떤 설명도 필요 없습니다. 앞으로 계속 살펴보겠지만 공허는 본래 비어 있는 상태로 남아 있어야 합니다.

 공허한 순간을 마주할 때마다 그 가치를 인정하고 받아들이세요. 레스토랑에서 저녁을 함께 먹기로 한 친구가 나타나지 않았다고 가정합시다. 당신은 홀로 앉아 맞은편의 빈 의자를 바라봅니다. 그 순간의 좌절을 공허에 관한 명상으로 바꿔보면 어떨까요? 빈 의자를 노려보는 대신, 그 자체로 받아들이면 어떻게 되는지 지켜보세요. 날마다 공허한 순간을 무수히 마주할 때마다 이렇게 해보세요.

 첫째, 무언가로 채우려는 유혹을 물리쳐서 그 공허를 허락하세요. 둘째, 새로운 종류의 공허를 숙고하고 거기에서 교훈을 얻으세요. 궁극적으로, 삶의 모든 측면에서 더 깊고 더 풍요로운 공허를 찾을 수 있도록 상상력을 한껏 발휘하세요.

화살 없는 활

✶

하라쿠라는 일본 최고의 궁술 지도자로 유명했기에 주변 지역은 물론, 멀리 떨어진 곳에서도 찾아오는 사람이 많았다. 활과 화살을 다루는 그의 솜씨는 워낙 출중해서 그에게 배우고 싶은 사람은 누구나 찾아와 기술을 익혔다.

세 시간 동안 열강을 펼친 어느 날 오후, 하라쿠라가 장비를 챙기고 있는데 새로 들어온 제자가 다가와 말했다.

"스승님, 저는 오늘 스승님의 솜씨와 가르침에 무척 감동했습니다. 그런데 혹시 카하자루산 정상에 사는 궁술의 달인에 대해 들어보셨습니까?"

"아니, 그런 사람에 대해 들어보지 못했네."

하라쿠라가 호기심 어린 목소리로 말했다.

"제가 듣기로 그분은 세상에서 가장 뛰어난 궁수라고 합니다. 스승님께서 제자들을 이끌고 그 산에 올라가 가장 뛰어난 궁수의 솜씨를 직접 확인해 보시면 어떨까요?"

제자가 말했다.

"아주 좋은 생각이군. 다음 주에라도 가보세."

그리하여 다음 주에 하라쿠라는 제자들을 불러 모아 여정을 준비하게 했다.

"이 근처에 대단히 뛰어난 궁수가 있다면 내가 몰랐을 리 없겠지만, 그래도 궁술의 달인을 찾아 그 산 정상에 가보도록 하세. 내 예상대로 썩 대단치 않더라도 다들 그와 그의 제자들에게 정중한 태도를 보여야 하네."

그리하여 일행은 존경하는 하라쿠라보다 더 뛰어날지도 모르는 스승을 찾아 들뜬 마음으로 길을 나섰다.

산기슭에 도착하니 정상은 구름에 가려 까마득히 높아 보였다. 한참 후 정상 가까이 이르자 사람들의 말소리가 들렸다. 더 가까이 가보니, 한 노인이 대여섯 명의 제자들을 가르치고 있었다. 노인은 몸을 뒤로 살짝 젖힌 채 멋진 나무 활을 하늘 높이 조준하고 있었다. 그런데 기이하게도 활만 있을 뿐 화살이 없었다. 하라쿠라가 화살은 어디 있느냐고 막 물어보려는데, 노인이 제자들에게 조용히 하라고 말했다. 그는 머리 위로 높이 나는 커다란 새를 가리키더니, 활시위를 있는 힘껏 당겼다. 어찌나 세게 당겼는지 오른팔에 불끈불끈 솟은 힘줄이 다 보일 정도였다. 물론 잡아당길 화살은 없었다. 팽팽한 활시위에는 그저 긴장된 손가락만 있을 뿐이었다. 그가 손가락을 확 풀자, 다음 순간 하늘을 날던 새가 툭 떨어졌다. 하라쿠라를 비롯해 다들 노인의 솜씨에 감탄하여 그에게 배움을 청했다.[3]

―

특별한 종류의 무기에 관한 빈 활시위 이야기는, 세상에서 힘을 발휘하고 효과적으로 살아가는 방법을 제시합니다.

예를 들면 때로는 이러쿵저러쿵 떠들지 않고 가만히 있는 게 최선입니다. 누군가 당신을 비판하며 방어적 반응을 기대한다면, 아무 말도 하지 마세요. 이는 수동적이거나 약한 태도가 아닙니다. 오히려 침묵을 유지하려면 상당한 힘과 특별한 기술이 필요합니다. 이를 '침묵을 지키는 기술', '행동에 휘말리지 않는 기술', '보이지 않는 강력한 무기를 다루는 기술'이라고 부를 수 있습니다.

요즘 사람들은 대체로 말을 너무 자주, 너무 많이 합니다. 가만히 있어야 할 때 오히려 말로 비수를 꽂기도 하죠. 침묵을 지키는 기술은 누구나 익혀야 하는 멋진 능력입니다. 치료사로서 나는 이 기술을 치료 과정에 적극 활용합니다. 아울러 말을 더 많이 해야 할 것 같은 상황에서 오히려 말을 아끼는 훈련을 해왔습니다.

가끔은 조언을 해주거나 내 이야기를 하거나 상황을 자세히 설명하고 싶은 유혹을 느낍니다. 하지만 그런 행동이 별로, 또는 전혀 유익하지 않다는 사실을 잘 알고 있습니다. 때로는 환자에게 스스로 성찰할 기회를 주는 편이 훨씬 더 효과적입니다. 말이 생각만큼 중요하지 않다는 사실을 스스로 깨닫게 될 수 있거든요. 침묵이 가장 적절한 선택일 때도 있습니다. 자주 들리지 않는 말이 오히려 더 강한 울림을 주는 법입니다.

깊이 있는 대화를 나눌 때, 침묵을 적절히 활용할 줄 알면 큰 도움이 됩니다. 대화 중간 발생하는 정적이 어색한 나머지 아무 말로나 채우고 싶을 수 있겠지만, 그럴 땐 이렇게 자문하세요.

'나는 침묵을 지킬 힘이 있는가?'

때로는 대화 중의 침묵이 수많은 말보다 더 큰 효과를 발휘한다는 사실을 알게 될 것입니다.

더 넓게 보면, 불필요한 행동을 줄이고 도구를 더 세련되게 다루는 법을 배울 수도 있습니다. 이메일이나 편지를 간결하게 쓰거나 아예 안 쓰는 게 더 효과적일 때도 있습니다. 효과적인 소통을 위해 반드시 모든 수단을 동원할 필요는 없습니다.

작가로서 나는 책의 품질을 높일 괜찮은 방법을 알고 있습니다. 원고를 훑어보면서 불필요한 단어를 잘라내면 됩니다. 놀랍게도, 이 간단한 작업만으로 책의 분량이 줄어들고 글이 한결 명료해집니다. 비우고 덜어내는 일은 다양한 작업에서 유용한 전략입니다. 아무것도 사용하지 않으면서도 뛰어난 결과를 도출할 수 있습니다.

아무것도 하지 않고, 구구절절 해명하거나 방어하지 않으며, 내면의 감정을 겉으로 드러내지 않는 것. 이 모든 것이 화살 없는 활을 쏘고 신성한 공허를 존중하는 방법입니다. 우리는 존재보다 부재를, 말보다 침묵을 더 소중하게 여기는 경지에 이를 수 있습니다. '무기'가 전혀 없을지라도 그 공허한 상태에서 엄청난 힘을 끌어낼 수 있습니다. 그렇게 되면 남들에게 보이지 않는 독특한 능력을 지닌 사람으로 알려질지도 모릅니다.

사람들을 특별히 압박하지 않고도 이끌 수 있고, 학생들이 스스로 배우도록 도울 수 있으며, 돈벌이를 주된 목표로 삼지 않고도 사업을 할 수 있습니다. 비우고 덜어낼수록 삶은 더 충만해집니다.

문과 창문

바큇살 서른 개를 꿰는데

가운데가 비어 있어야 바퀴가 굴러가네.

흙으로 그릇을 빚는데

속이 비어 있어야 그릇으로 쓸모가 있네.

문과 창문을 뚫어 방을 만드는데

이러한 구멍이 있어야 살기에 적합하네.

그러므로 있어서 이로운 이유는 빈 부분의 쓸모 때문이네.[4]

노자, 《도덕경》

오랫동안 《도덕경》의 이 가르침을 마음에 깊이 새겨왔습니다. 내게는 이것이 공허를 가장 설득력 있게 표현하는

이미지 중 하나거든요. 창문은 벽과 바닥만큼이나 집을 아름답고 살기 좋은 공간으로 만듭니다. 그리고 열린 문으로 통하는 공간이 없다면, 집은 과연 어떤 모습일까요?

나는 인생 전반에 이런 여유 공간을 두려고 애씁니다. 아무것도 하지 않는 시간, 하루 일정 속의 공백, 와달라는 요청이나 권유를 받은 장소에 가지 않는 것, 일자리 제안 거절. 이러한 것들이 내 삶의 창문이자 문입니다. 이런 빈 통로가 있기에 나는 평소에 보이지 않던 것을 볼 수 있고, 쉽게 닿지 못하던 곳에 찾아갈 수 있습니다.

삶을 온갖 것들로 가득 채우면 예상치 못한 일이 일어날 수 없습니다. 새로운 발견을 할 수도 없고 놀라움과 깨달음도 드물 것입니다.

일정을 꽉꽉 채우면 수익성 있는 기회가 찾아왔을 때 거절할 수밖에 없습니다. 아무것도 운에 맡기지 않는다면 뜻밖의 기회는 영영 오지 않을 것입니다. 가치 있는 것들에 마음을 꼭꼭 닫으면 삶을 더 풍요롭고 다채롭게 해줄 방법을 익히지 못합니다.

어떤 사람들은 자기 삶에선 풍요로워질 기회가 전혀 없다고 호소하지만, 정작 그들 스스로 문을 닫아걸거나 아예 꼭꼭 밀봉합니다. 어쩌면 삶의 구조에 문을 설치하지 않았을 수도 있습니다. 어떤 사람들은 가족이나 교회나 지역사회의 편견에 사로잡힌 나머지 자유롭게 반응하거나 새로운 아이디어를 떠올리지 못할 수도 있습니다. 자아의 집에 창문이 없으니 바깥세상을 보면서 새로운 가능성을 포착할 수 없는 것입니다.

기회가 왔을 때 포착해서 자유롭게 대응할 수 있도록 미리 여유 공간을 계획하고 확보하세요. 창과 창문을 충분히 갖춰두면 삶이 새로운 경험으로 풍요로워질 것입니다. 의미 있는 행사가 개최되고 사람들이 자유롭게 드나들면서 신선한 아이디어가 오고 갈 것입니다.

우리에게는 빛과 공기와 교감이 필요한 감정적 공간이 있습니다. 하지만 두려움 때문에, 또는 삶에서 문과 창문의 중요성을 한 번도 생각하지 않은 탓에 심리적 공간을 닫아버렸을지도 모릅니다. 당신의 일정에서 그 공간은 채워지기를 기다리는 빈틈이 아니라 열어 둬야 좋은 창문이나 문일 수 있습니다.

어떤 사람들은 문이나 창문이 살짝 열려 있는 꿈을 꿨다면서, 혹시 나쁜 사람이 침입하지 않을까 걱정합니다. 하지만 나는 그들의 해몽이 틀렸다고 생각합니다. 그런 두려움은 좀 지나친 듯합니다. 어쩌면 그들 자신의 공간에 들어와 새로운 활력을 불어넣어 줄 누군가가 필요하다는 의미는 아닐까요. 살짝 열린 창문과 문은 위협이 아닌 축복일 수 있습니다.

빈 접시

나스루딘이 친구들과 함께 지역 유지의 집에서 저녁을 먹고 있었다. 집주인은 주목받고 싶은 마음에 나스루딘을 유난히 의식했다. 식사 후 하인들이 디저트로 큼직한 멜론을 가져왔고 두 저명인사는 각자의 몫을 맛있게 먹었다.

그런데 샘이 많은 집주인은 나스루딘의 눈치를 살피다가 자기 접시의 멜론 껍질을 나스루딘의 접시에 슬쩍 옮겨 놓았다. 그러고는 이렇게 말했다.

"멜론을 그렇게나 많이 드시다니, 먹성이 참 좋으시군요."

그 말을 듣고 나스루딘은 집주인의 빈 접시를 가리키며 이렇게 말했다.

"흠, 그래도 나는 껍질은 남겼소이다."

이 이야기 속 빈 접시는 시기와 악의로 가득 찬 한 편의 서사를 담고 있습니다. 나스루딘은 집주인의 속내를 '간파했고' 그런 속임수가 자신의 평판을 깎아내릴 의도임을 알아차렸습니다. 여기서 빈 접시는 영적 공허를 의미하지 않습니다. 오히려 그 반대죠. 그야말로 아무것도 없음과 집주인의 기만, 교활한 책략을 뜻합니다. 집주인은 진정한 공허에서 교훈을 얻는 대신, 신경질적으로 자기 접시를 비워 나스루딘을 깎아내리려 했습니다. 이런 기만적 행동은 그가 갖추지 못한 공허의 부정적이고 왜곡된 형태를 보여줍니다.

세상에는 '가짜 공허'가 넘쳐납니다. 다들 겉으론 이타적인 척하면서 속으론 자기 이익만 챙깁니다. 기업은 자선 활동에 얼마나 많은 돈을 쓰는지 떠벌리지만, 그에 따른 세금 혜택이나 자선 기부액보다 훨씬 더 큰 이익에 대해선 일절 언급하지 않습니다. 광고마다 자기네 제품이 최고라고 주장하지만, 실상은 과장에 불과하다는 점을 누구나 알고 있습니다. 상업계가 숨겨진 이기심을 내려놓는다면 더 성숙하고 번영할 수 있을 것입니다. 정직은 성공의 열쇠이므로, 곳곳에 퍼져 있는 왜곡과 속임수를 제거한다면 장기적으로 사업에 이익일 것입니다.

물론 이 문제에 너무 이상적일 필요는 없습니다. 상품 광고와 홍보에는 상상력과 과장이 어느 정도 필요하니까요. 그들의 목적은 제품 판매입니다. 설득과 조작의 경계는 매우 모호해서 간혹 윤리와 도덕의 선을 쉽게 넘어버리지요. 나는 완벽을 요구하는 게 아닙니다. 단지 성스러운 공허로 나아가길 바랄 뿐입니다.

가짜 공허는 이타심과 관대함으로 보일 수 있습니다. 실제로는 관대하지 않으면서 다른 사람을 위해서 자신을 비우고 관대한 척합니다. 스스로 이타적이라고 생각할지 모르지만 순전히 착각에 불과합니다. 그들의 행동과 동기는 자신이 생각하는 이상과 일치하지 않습니다.

당신은 관대해지고 남들의 성공을 열린 마음으로 받아

들이려 노력하지만, 어쩐지 속이 쓰릴지 모릅니다. 그 약간의 아픔은 자아를 비우는 데 아직 갈 길이 남아 있음을 나타냅니다. 친구에게는 있는 것이 당신에게는 없으니 어떤 의미에선 공허합니다. 하지만 그 공허는 나스루딘을 초대한 집주인이 자신의 빈 접시로 사람들을 속이려 했던 것과 같습니다. 그의 접시는 실제로 비어 있지 않았고, 나스루딘의 접시는 실제로 가득 차 있지 않았습니다. 공허한 느낌은 착각일 수 있습니다. 진짜 본질을 찾으려면 그 이면을 깊이 들여다봐야 합니다.

멜론 이야기에서 나스루딘은 속임수의 피해자처럼 행동하지 않고 오히려 그러한 착각을 유쾌하게 폭로합니다. 그 상황을 해결하기 위해 상대의 계략을 교묘하게 비틀어 놓습니다. 윤리와 영적 미덕의 문제에서도 재치와 상상력을 발휘해야 한다는 사실을 명확히 보여 주는 이야기입니다. 고대 그리스인들은 이것을 '헤르메스 정신$^{Hermes\ spirit}$'(헤르메스는 지혜, 교활함, 재치, 유머를 상징하는 신으로, 도덕적 판단에 치우치지 않고 속임수와 위선을 유머러스하게 풀어낸다.-옮긴이)이라고 불렀을 것입니다. 헤르메스 정신은 도덕성이 지나치게 강조될 때 특히 필요합니다. 거짓된 경건함을 지적하고 영적 허세의 극단을 재치 있게 폭로하지만, 도덕적으로 훈계하진 않습니다.

집주인의 접시는 역겨울 정도로 가득 차 있지만, 나스루딘의 접시는 단순하고 소박하며 겉모습과 달리 텅 비어 있습니다.

줄줄 새는 자루

✦

왕국은 곡식으로 가득 찬 자루를 들고 가는 한 여인과 같다. 여인이 먼 길을 걷는 동안 그만 자루에 구멍이 생겼다. 곡식이 줄줄 새어 길에 쏟아졌으나 여인은 전혀 눈치채지 못했다. 집에 도착해 자루를 내려놓고 나서야 비로소 비었다는 사실을 알아차렸다.[5]

도마복음 제97절

—

초기 복음서에 나오는 이 아름답고 간결한 이야기는 천국의 영역, 즉 예수가 가르치신 새로운 삶의 방식을 들려줍니다. 왕국은 힘과 권력과 부로 가득 찬 세계가 아니라, 오랜 여정을 거치며 천천히 비워진 구멍 난 자루와 같습니다. 예수가 묘사하신 이상은 부유하거나 고도로 체계화된 세계 종교가 아니라, 우리의 상상 속 작은 변화가 세상을 바꿀 수 있다는 가능성입니다. 그 자체로는 아무것도 아니지만 모든 것에 완전함을 더해주는 것, 바로 그것이 예수가 전하고자 하신 메시지입니다.

왕국이 곡식 자루를 들고 가는 여인과 같다는 이야기의 첫머리는 가히 충격적입니다. 일반적으로, 왕국 하면 열매가 주렁주렁 열린 나무와 평화로운 동물과 고결한 인간이 사는 곳을 떠올릴 것입니다. 하지만 여기선 귀중한 곡식 자루를 들고 가는 여인네라고 합니다. 게다가 그 자루는 구멍 나서 텅 비어 버렸습니다. 소망하는 왕국을 찾으려면 먼저 자신에게 소중한 것들을 잃어야 합니다. 사랑을 중심으로 하는 공동체에서 살고 싶다면, 소중히 여겼던 믿음마저 비워야 합니다.

예수는 또 다른 비유를 들어서 비움을 설명합니다.

"먼저 된 자가 나중 되고, 나중 된 자가 먼저 된다(마태복음 20장 16절, 마가복음 10장 31절)."

"네가 가진 것을 팔아 가난한 자들에게 나누어 주라(마태복음 19장 21절)."

"아무것도 없는 자는 그 가진 것마저 잃게 될 것이다(도마복음 41절 등)."

이는 모든 지도자, 특히 영적 스승과 공동체 조직자에게 꼭 필요한 가르침입니다. 스스로 종이 되어야, 가장 낮은 자리에 있어야, 자신도 따르는 자임을 결코 잊지 않아야 비로소 자기 소임을 제대로 할 수 있습니다. 옆 사람보다 우월하다고 느낄 때마다 빈 자루를 들고 집에 도착한 여인을 떠올리세요. 그녀는 소중한 곡식을 잃었지만 사랑이 넘치는 세상으로 통하는 비밀을 손에 넣었습니다. 무엇을 하든 간에 자기 몰두에서 벗어나야 한다는 사실을 그제야 깨달았습니다.

훌륭한 리더는 자신의 구성원이나 제자를 동등하게 대하며, 자기 만족을 추구하려는 유혹을 뿌리칩니다. 감정적 이익을 위해 지위를 남용하는 식으로 부족한 자존감을 보완하려 들지도 않습니다. 존경받는 영적 지도자가 제자를 성적으로 착취했다는 보도만큼 불경스럽고 모순된 일은 없을 것입니다. 하지만 그보다 더 교묘한 방식으로 추종자들 위에 군림하며 자신의 욕심을 채우는 사례도 얼마든지 있습니다.

예수가 들려주신 이야기와 그에 관해 전해지는 여러 이야기에는 흔히 강력한 공허의 이미지가 담겨 있습니다. 오병이어의 기적, 즉 빵 다섯 개와 물고기 두 마리로 수많은 군중을 먹였다는 이야기도 그렇습니다. 이는 얼마 안 되는 음식을 나눌 때, 오히려 그 부족함 속에서 놀랍도록 풍성하게 채워진다는 메시지를 전달합니다. 밤새 조업하는데도 물고기를 하나도 낚지 못할 때, 그물을 반대편에 던지기만 해도 갑자기 배가 가득 차게 됩니다. 공허와 충만은 놀랍도록 가까이 있습니다. 그 둘은 배 양쪽에 있습니다. 가득 채우고 싶다면 먼저 텅 빈 상태에서 시작해야 합니다.

케노시스 kenosis는 예수가 인간의 모습을 취하면서 신성을 포기했음을 나타내는 단어로, '비움'을 실천한 예수를 완벽한 인간의 본보기로 묘사합니다["자기를 비워 종의 형체를 가지사 사람들과 같이 되셨고" (빌립보서 2장 7절)-옮긴이]. 예수는 하나님 아버지의 계획을 온전히 받들기 위해 자신을 비웠습니다. 우리도 같은 방식으로 자신을 비울 수 있습니다. 삶이 우리를 빚어 가도록 내어 맡길 때, 진정으로 원하는 존재가 될 수 있습니다.

케노시스 상태에서는 모든 것을 계획하고 통제할 필요가 없습니다. 그저 끊임없는 변화와 그에 따른 성장을 받아들이면 됩니다. 우리는 자신의 계획과 목적을 내려놓음으로써 하나님 아버지의 뜻에 마음을 열고, 삶이 우리를 위해 준비한 설계를 받아들일 수 있습니다. 여기서 하나님 아버지는 삶을 관통하는 로고스, 즉 우주의 질서이자 그 거대한 설계 속에서 우리가 맡은 역할과 연결됩니다.

미래에 대한 비전, 이상적인 세상, 인간성의 최고를 실현하는 거대한 실험에 대해 누군가에게 이야기한다고 상상해 보세요. 그런데 그 비전을 구멍 난 자루에 비유해서 말한다면 어떨까요? 자신을 비워서 국민의 복지를 최우선으로 두는 지도자의 모습을 상상해 보세요. 자기 자신을 완전히 비워서, 부모의 욕심이 아니라 자녀가 자기 운명을 스스로 찾아가도록 돕는 어머니의 모습을 상상해 보세요. 좋은 관계를 유지하도록 각자의 욕심을 비우는 연인들을 상상해 보세요.

이 이야기는 시간이 흐르면서 우연이나 운명에 의해 자신을 비우는 과정을 말해줍니다. 이때의 비움은 의도한 게 아닙니다. 고대 그리스인들은 이를 '헤르메스의 작품'이라고 표현했을 것입니다. 도둑의 수호신이기도 한 헤르메스는 우리 삶에서 중요한 것을 훔쳐 가지만, 결국 그것이 우리를 더 나은 방향으로 이끌어 줍니다. 건강을 잃기도 하고, 중요한 관계나 소중한 물건을 잃기도 하며, 계획했던 프로젝트가 무산되기도 합니다. 다들 평생토록 자신에게 소중한 무언가를 계속 잃어갑니다. 그러고 보면 케노시스가 우리 삶을 지배하는 것 같습니다.

이야기 속 여인은 애써 집으로 가져오고 싶었던 곡식을 잃었습니다. 자루에 난 구멍을 발견했을 때 여인이 느꼈을 아쉬움과 속상함을 짐작할 수 있습니다. 이 여인처럼 자신에게 소중했던 무언가가 점점 사라진 적이 있습니까? 더는 만족스럽지 않은 직장, 기쁨을 주지 못하는 관계, 한때 뛰어났지만 이젠 빛을 잃은 재능, 점점 무너져 가는 성공…. 이런 종류의 공허는 우리가 더 깊은 사랑을 찾도록, 사람들에게 더 크게 공감하도록 이끌 수 있습니다. 또 사회에서 더 베풀고 가치 있는 존재로 살아가도록 이끌 수 있습니다. 그러니 소중히 여기는 무언가가 새어나간다고 느낄 때, 하늘의 위대한 왕국이 가까이 있음을 알아차리기 바랍니다.

또한 여인이 시장에서 집으로 돌아온 뒤에야 소중한 자루가 비었음을 알았다는 사실에 주목하세요. 너무 많은 일에 매달리고 너무 복잡하게 생각하며 너무 거창한 목표를 세우고 자기중심적으로 흐른다면, 잠시 멈추고 자신만의 조용하고 편안한 공간으로 돌아가야 합니다. 그제야 비로소 우리가 소중히 여겼던 것들이 어느새 조금씩 사라지고 있음을 깨달을 수 있습니다. 너무 치열하게 살아갈 때는 무엇이 새고 있는지 감지하기 어렵습니다. 조용한 저녁 시간, 집으로 돌아가 편히 앉아서 곰곰 생각하는 그 고요한 순간에 공허의 기쁨을 발견할 수 있습니다.

고요한 밤

초가집 뒤 고요한 밤

현이 없는 비파를 홀로 연주하네.

그 선율은 바람을 타고 구름 속으로 사라지네.

그 소리는 흐르는 시냇물과 함께 깊어지며,

깊은 계곡을 가득 채우고,

광활한 숲에서 메아리치네.

이 희미한 노래를 들을 수 있는 이

귀먹은 사람 말고 또 누가 있을까?[6]

료칸*

....
* 良寬, 1758~1831. 에도 시대의 선승이자 시인.

일곱 살 무렵 부모님과 함께 친구 집을 방문했습니다. 아버지가 그 집에 있던 피아노를 보여주며 몇 개 음을 연주해 보라고 하더군요. 나는 건반을 몇 개 눌러보다 완전히 매료되었습니다. 그날 이후로 음악가가 되기로 마음먹었죠.

나중에 아버지는 낡은 직립형 피아노를 구해서 집에 들여놨습니다. 그리고 피아노 건반에 연필로 음계를 표시하고 손가락을 어떻게 움직여 연주하는지 가르쳐 주었습니다. 그렇게 개인지도를 몇 차례 해준 뒤, 바이올린을 꺼내와서 나랑 듀엣으로 연주했습니다. 훌륭한 음악가인 아버지는 어려운 곡도 멋지게 연주했지요. 하루는 다른 방에서 나의 피아노 연주를 듣다가 한 건반의 음이 맞지 않는다고 소리쳤습니다. 그 건반이 F음을 제대로 못 낸다고요. 그 순간, 나는 아버지가 절대음감을 지녔다는 사실을 알았습니다.

열세 살 때 나는 집을 떠나 수도원에서 십 년 넘게 생활했습니다. 그곳에서 그레고리오 성가를 지휘했는데, 이 성가는 수도원의 고요함을 보살피고 마음을 진정시키며 갈망하는 영혼을 달래주었습니다. 어떤 음악은 이렇게 사람을 조용히 가라앉혀서 결국 영혼의 침묵으로 이끌어갑니다.

그런 점에서 나는 현이 없는 비파에 관한 료칸의 시를 좋아합니다. 이 비파의 연주 소리는 자연계의 언덕과 허공을 채우고 귀먹은 사람에게만 들립니다. 현이 없는 비파를 어떻게 연주하냐고요? 그야 물론 아주 섬세하게 연주해야겠죠. 나는 가끔 귀먹은 사람들을 위해 피아노를 연주하는 내 모습을 상상합니다. 우리 사이에 흐르는 소리와 침묵을 음미하면서 특별한 교감을 나눌 수 있지 않을까요.

공허의 한 형태인 고요quiet는 성찰하고 기억해야 하는 사람들에게 무척 중요합니다. 온갖 소음에 끊임없이 시달리는 세상에서는 조용히 사는 법을 익히는 것이 꼭 필요하지요. 자기 생각과 가슴 뛰는 소리를 들을 수 없다면 어떻게 진정으로 자신을 이해할 수 있겠습니까?

그렇다고 소리가 하나도 없는, 완전한 침묵silence을 목표로 삼을 필요는 없습니다. 오히려 고요한 상태가 훨씬 더 좋습니다. 사색적인 삶의 태도를 길러나가면, 일이 급박하게 돌아갈 때도 차분하게 대처할 수 있습니다. 고요는 상황을 파악하고 현명하게 판단할 수 있는 균형감과 환경을 제공합니다. 고요는 온갖 활동에 따른 소란을 대비하도록 해줍니다.

자, 현이 없는 비파나 기타를 연주하는 사람을 마음속에 그려보세요. 이런 이미지는 현실에서 들리는 소리가 아니라 내면의 귀로 느껴야 하는 음악, 즉 신비롭고 영적인 음악을 암시합니다. 현은 거기 있지만 단지 들리지 않을지도 모릅니다. 그것은 미묘한 몸$^{\text{subtle body}}$을 위한 음악입니다. 즉, 감각 기관으로 들을 수 있는 물리적 소리가 아니라 더 깊은 내면의 다른 감각으로 느끼는 음악입니다. 가령 피카소의 청색 시대 명작 〈늙은 기타 연주자〉를 바라볼 때, 그 그림 안에서 흘러나오는 음악을 상상합니까? 시인 월리스 스티븐스$^{\text{Wallace Stevens}}$의 "파란 기타를 든 남자"를 낭송할 때, 음악이란 단순히 악기에서 나오는 소리보다 훨씬 더 넓은 의미를 지닌다는 사실을 이해합니까? 당신의 삶에는 리듬과 멜로디와 화음이 어우러져 있습니까?

현이 없는 비파에 대한 료칸의 시에는 심오한 역설이 담겨 있습니다. 조화로운 소리를 내도록 만들어진 물체가 침묵한다는 것입니다. 우리가 진정으로 찾는 소리는 침묵일지도 모릅니다. 음악은 우리가 세상의 소리를 듣는 데 필요한 침묵을 만들어내는 도구인지 모릅니다.

우리 삶도 마치 비파 같은 악기처럼 연주되어야 할까요? 사람들이 느끼고 즐길 수 있도록 퉁겨지길 바랄까요? 오히려 세상의 실제 소리에 귀를 닫아야만 그 안에 깃든 더 깊은 음악을 들을 수 있을지도 모릅니다.

예전부터 우리 집에는 인도네시아에서 만들어진 실물 크기의 나무 조각상이 하나 있습니다. 사원에서 피리를 연주하는 사람을 형상화한 작품입니다. 아이들이 성장하고 부모가 세상에 예술적 공헌을 하는 내내 이 조각상은 우리 가족을 위해 끊임없이 연주했습니다. 가족 중 누군가가 눈길을 줄 때마다 침묵을 연주하면서 중요한 교훈을 들려주었지요.

 미술관에 가서 악기를 연주하는 천사들 그림을 볼 때마다 나는 세상의 소리에 귀를 닫고 그들의 음악을 들으려 애씁니다. 그러면서 삶이 얼마나 섬세한지, 그리고 세상이 전하는 소리를 때로는 내면의 귀로 들어야 한다는 교훈을 마음에 새깁니다. 침묵의 소리에 귀를 기울이세요. 현 없는 비파와 천사의 나팔, 그리고 영혼을 깊이 울리는 무언의 목소리를 들으세요.

가장 자연스러운 상태, 무^無

✦

참된 좌선 수행은 목마를 때 물을 마시듯 앉아 있는 것이다. 거기엔 자연스러움이 있다. 몹시 졸릴 때 잠깐 눈을 붙이는 행동은 아주 자연스럽다. 하지만 낮잠이 마치 인간의 특권이라도 되는 양, 게으르게 퍼져서 자는 낮잠은 자연스럽지 않다. '친구들은 다 낮잠을 자는데, 나는 왜 안 된다는 거야?'라고 생각할 수 있지만, 그런 핑계는 자연스럽지 않다. 당신의 마음이 다른 생각이나 누군가의 생각에 얽매여 있다면, 당신은 독립적이지 않다. 진정한 자신도 아니고 자연스러운 상태도 아니다. 참된 존재는 매 순간 아무것도 없음, 즉 무^無에서 나온다. 무^無는 항상 그 자리에 있으며, 거기에서 모든 것이 생겨난다.[7]

스즈키 순류*

스즈키 순류 선사가 들려주는 이 아름다운 가르침의 핵심은, 공허를 자연스러움과 무^{無}로 이해하는 깨달음에 있습니다. 목마를 때 물을 마시고 피곤할 때 낮잠을 자는 행동은 삶의 질과 연결됩니다. 스즈키 선사는 매사에 그런 식으로 하라고 말합니다. 좋은 사람이 되려 한다거나 자신의 발전된 모습을 과시하려는 내적 번민으로 마음을 채우지 말라고 당부합니다. 얼핏 훌륭해 보이는 선 수행조차도 당신의 생각과 동기가 개입하면 자연스럽지 않을 수 있으니, 그런 수준의 자연스러움에 도달하려면 부단히 노력해야 한다고 거듭 강조합니다.

　매사에 따지고 계산하는 사람은 신경질적으로 보입니다. 그들의 몸짓과 표정은 늘 복잡미묘하고, 지나치게 많

....

* 鈴木俊降, 1905~1971, 일본의 정통 선불교 지도자. 미국에 건너가 선불교를 전파하고 타사하라 선 센터 등을 설립했다.

은 생각과 의도가 뒤섞여 있습니다. 우리는 이렇게 부자연스러운 사람을 신뢰할 수 없습니다. 실제로 어떤 사람인지, 속내는 뭔지 알아차리기 어렵기 때문입니다.

생각과 행동은 본래 무無에서, 불필요한 계략과 동기로 가득 차 있지 않은 여유 공간에서 나와야 합니다. 목이 말라서 물을 마실 뿐, 건강한 습관을 고수하는 특별한 사람으로 보이려고 마시지 않습니다. 그런 계산적인 행동은 부자연스러우며 신경증적인 태도에 불과합니다. 거기엔 자연스러움을 우러나게 하는 비움이 없습니다.

신경증에서 완전히 벗어나, 이렇게 높은 수준의 자연스러움에 도달하기란 애초에 불가능하다고 생각할 수 있습니다. 하지만 당신은 그 방향으로 나아갈 수 있습니다. 한 발 한 발 내디딜 때마다 더 자유롭고 더 즐거워질 것입니다. 사람들도 자신의 신경증적인 습관을 줄이고 당신과 더 편안하게 교류할 것입니다. 완벽한 상호작용은 아닐지라도, 전보다 더 명쾌하고 자연스러워질 것입니다. 당신과 상대방 사이의 흐름도 한결 부드러워지겠지요.

당신의 행동과 존재가 무^{無}에서 나올 때, 즉 그것들이 공허할 때, 당신뿐만 아니라 다른 사람들도 당신이 어떤 사람인지 알 수 있습니다. 사람들은 특정한 반응으로 조종당하지 않고 각자의 방식대로 자유롭게 당신과 교류할 수 있습니다. 이런 자연스러움이 결혼이나 친밀한 관계에 얼마나 유익할지 상상해 보세요. 부부 갈등을 해결하는 만병통치약이 될 수도 있고, 어쩌면 국가 간의 갈등 완화에도 긍정적인 영향을 미칠 수 있습니다.

여기서 말하는 '공허'의 의미로, 공허한 결혼 생활을 상상해 보세요. 상대방이 당신에게 해를 끼치거나 삶을 힘들게 하려 한다는 편집증적인 생각에서 벗어날 수 있습니다. 상대방에 대한 기대치가 낮아져서 덜 요구하고 더 유연하게 대처할 수 있을 것입니다.

광고에서도 공허를 상상해 보세요. 당신은 광고가 제품의 장점을 정확히 알려준다고, 또 필요하지 않거나 제대로 작동하지 않는 물건을 사도록 속이지 않는다고 신뢰할 수 있을 것입니다. 현대인의 삶은 위험할 정도로 공허와 자연스러움이 부족합니다. 정치인은 특히나 그러한 자질을 갖추지 못했고, 재정 관리자는 툭하면 당신의 소중한 돈을 훔치고자 온갖 계책을 꾸밉니다. 죄다 공허와는 정반대로 행동합니다.

이처럼 주변에 신경증적이고 불안정한 분위기가 가득하더라도, 당신은 일상에서 공허를 목표로 삼을 수 있습니다. 목이 마를 때 물을 마시듯 자연스럽게 친구와 대화할 수 있습니다. 그럴 땐 자기 안에서 무슨 일이 벌어지는지 깨닫고, 조금의 꾸밈이나 조작 없이 고스란히 내보일 것입니다. 어쩌면 당신은 피리 연주자나 우아하게 바이올린을 켜는 천사의 이미지를 떠올릴지도 모릅니다. 그 이미지는 당신이 살아가는 내내 겉으로든 속으로든 고요를 유지하라고 일깨워 줄 것입니다.

'자연스러운 삶'과 '자연과 더불어 사는 삶'은 조금 다릅니다. 자연과 더불어 살 때, 당신은 유기농 음식을 먹고 자연에서 많은 시간을 보냅니다. 그리고 현대 생활의 복잡함을 피하고 전력망에서 벗어나며 공해와 난개발로 자연을 훼손하지 않으려 노력할 것입니다. 반면에 스즈키 선사의 정의에 따른 자연스러운 삶은 이기적 동기나 두려움이나 불안이 삶에 걸림돌로 작용하지 않도록 노력하는 생활입니다. 그 순간에 온전히 집중하고, 마음속에서 조작적이거나 과도한 자의식을 비워냄으로써 문제를 해결합니다. 얼마든지 그렇게 살 수 있습니다.

이러한 자연스러움을 배우는 가장 좋은 방법은 사람들과 일상적인 대화를 나누는 것입니다. 누가 "어떻게 지내세요?"라고 물으면, 굳이 좋은 인상을 주거나 동정을 얻으려 하지 마세요. 결과를 통제하거나 좋은 이미지를 구축하려 애쓸 필요도 없습니다. 이런 간섭을 떨쳐버리고 그냥 있는 그대로 말하세요. 별 뜻 없이 상투적으로 내뱉는 말도 피하면 좋습니다.

"대체로 잘 지냅니다. 다만 요즘 일이 너무 많아서 피곤하고 세계정세 때문에 슬프다는 것만 빼면요."

감정을 분명히 드러내는 '피곤하다', '슬프다'라는 형용사에 주목하세요. 여기에선 이 두 단어를 복잡하게, 혹은 혼란스럽게 하는 요소가 없습니다. 다른 의도대로 보이려고 친구를 조종하지 않습니다. 그저 지금 자신이 어떤 상태인지 솔직하게 드러냅니다.

그렇다면 여기에서 공허는 어디에 있을까요? 바로 조작과 불필요한 복잡함이 빠져 있다는 점입니다. 친구는 당신의 말을 믿을 수 있습니다. 상호작용에서 흔히 보이는 교묘한 속임수와 통제하려는 의도가 전혀 없기 때문입니다. 친구는 실제로 당신의 말에서 공허를 감지할 수 있으며, 그 공허는 신선하고 신뢰감을 줍니다.

내게는 제임스 힐먼James Hillman이라는 친구가 있었습니다. 적어도 나와 있을 때는 자신을 있는 그대로 자연스럽게 드러내는 친구였습니다. 우리의 대화는 보통 이랬습니다.

"오늘 기분이 어떤가, 제임스?"

"아주 엿 같네. 사람들은 왜 동물을 돌보지 않고 자꾸 학대하는 걸까?"

이 대답을 달리 해석할 일은 전혀 없습니다. 그의 대답은 언제나 이런 식으로 명쾌했습니다.

"요새 좀 우울하다네. 책을 꺼내 드는 데 너무 큰 노력이 필요하거든. 내 책이든 다른 누구의 책이든."

제임스는 작가이자 발행자였습니다. 나는 그에게서 "괜찮네. 자네는 어떤가?" 같은 의례적인 대답을 들어본 적이 없습니다.

하지만 이것은 시작에 불과합니다. 여기서부터 자연스럽고 편안하게 대화를 진행해야 합니다. 속내를 숨기거나 복잡하게 꼬아서 말하지 마세요. 이렇게도 저렇게도 해석되지 않고 한 가지 뜻만 분명하게 드러나도록 말해야 합니다. 그냥 당신이 느끼는 대로, 의도한 대로 말하세요. 나머지는 공허한 상태로 두면 됩니다.

오이 샌드위치

✦

앨저넌 브랙널 부인을 위해 오이 샌드위치를 준비했나?

레인(하인) 예, 나리. [샌드위치 쟁반을 그들에게 건넨다.]

[잭이 샌드위치를 집으려고 손을 뻗자 앨저넌이 즉시 제지한다.]

앨저넌 오이 샌드위치에는 손대지 말게. 오거스타 숙모님을 위해 내가 특별히 주문했으니까. [하지만 자신은 하나를 집어 들고 먹는다.]

잭 그런데 자네는 계속 집어먹지 않는가?

앨저넌 나야 다르지. 그분은 내 숙모님이니까···.

[때마침 브랙널 부인이 들어온다.]

브랙널 부인 이젠 차를 마셔야겠구나. 조카가 약속한 그 맛좋은 오이 샌드위치도 먹고.

앨저넌 [놀라서 빈 접시를 집어 든다.] 맙소사, 레인! 오이 샌드위치는 왜 없지? 내가 특별히 준비해 두라고

	일렀잖은가!
레인	[엄숙한 목소리로] 오늘 아침엔 시장에 오이가 없었습니다, 나리. 두 번이나 갔다가 헛걸음을 했다니까요.
앨저넌	오이가 없었다니![8]

오스카 와일드, 《진지함의 중요성 The Importance of Being Earnest》에서

오스카 와일드(1854~1900)의 희곡 《진지함의 중요성》 도입부에서, (도시에선 자신을 어니스트Ernest라고 말하는) 잭과 그의 친구 앨저넌이 오이 샌드위치를 놓고 실랑이를 벌입니다. 앨저넌이 숙모인 브랙널 부인을 위해 준비한 음식이죠. 브랙널 부인은 가장 좋아하는 오이 샌드위치를 대접받으려고 곧 도착할 예정입니다. 그런데 앨저넌이 다 먹어치우는 바람에 막상 그녀가 도착할 땐 접시가 텅 비어 있습니다.

앨저넌은 눈앞에 놓인 샌드위치의 유혹을 참지 못하고 다 먹어 치웁니다. 하지만 숙모 앞에선 접시가 비어 있는 이유를 모르는 척합니다. 하인도 그날 아침엔 시장에 오이가 없었다면서 주인의 속임수를 거들죠. 오스카 와일드는 이 희곡에서 당대 상류 사회의 위선을 풍자하고 도덕성이 얼마나 결핍되어 있는지 보여줍니다. 접시가 비어 있는 이유를 둘러대는 장면은 사람들 사이에 자연스러운 정직함, 즉 진실한 공허가 없고 그저 진실에 대한 회피만 난무한다는 점을 잘 나타냅니다.

와일드가 살던 사회에서는 진실한 공허가 결핍되다 보니, 매사에 속임수가 판을 칩니다. 와일드는 그러한 속임수를 다양한 형태로 묘사하지요. 가령 앨저넌은 핑계가 필요할 때마다 시골에 산다는 가상의 친구 번버리를 이용합니다. 앨저넌의 친구인 어니스트도 허구적 인물입니다. 그는 런던에선 어니스트라는 이름을 내세우며 수상쩍게 행동하는 반면, 시골에선 잭이라는 이름으로 살면서 완벽한 신사처럼 행세합니다. 한 인물 안에 고귀한 도덕성과 비열한 도덕성이 공존하는 것입니다. 이러한 분열에는 심각한 내적 기만이 필요하기에, 인물이나 극 전체 어디에도 영적 공허에서 비롯된 자연스러움과 순수함을 찾아볼 수 없습니다.

잭과 어니스트의 분열은 하고 싶은 말을 그대로 하는 사람과 이를 회피하고 복잡하게 꼬아서 말하는 사람 사이의 갈등을 드러냅니다. 마치 두 사람이 서로 다른 목소리로 말하는 것 같습니다. 우리도 때로는 잭과 어니스트를 함께 품고 살아갑니다. 이 둘은 동시에 말하지만 서로 다른 의미와 관심사를 보여줍니다.

하지만 정작 오스카 와일드는 재치와 이해심이 넘치고 높은 가치관과 넓은 마음을 지닌 사람이었습니다. 그는 배려심과 친절을 발휘하는 방식을 보여주는 장치로 빈 접시를 활용합니다. 앨저넌은 숙모를 위해 오이 샌드위치를 남겨두거나, 아니면 없어진 이유를 솔직하게 말할 수 있었습니다.

와일드는 사회가 마땅히 솔직해야 할 때조차 어떻게 가

식과 위선으로 흐르는지 특유의 풍자로 적나라하게 보여줍니다. 등장인물들은 주변 사람들을 조종하고자 온갖 언어적 왜곡과 꼼수를 부립니다. 그때마다 자연스러움이 파괴됩니다.

이 유명한 희곡의 여러 상황에선 진정한 공허를 찾아볼 수 없습니다. 그 대신 온갖 형태의 결핍, 특히 인격과 도덕성의 결핍만 나타날 뿐입니다. 진정한 공허가 발견되지 않을 때 벌어지는 상황을 묘사하기 위해 나는 '결핍'이라는 단어를 사용합니다. 도덕성도, 인격도, 정직함도 없는 상태인 결핍은 어쩌면 깊이 자리 잡은 진정한 공허, 즉 교활함도 거짓도 위선도 없는 상태가 왜곡되어 나타난 모습일지도 모릅니다. 진정한 공허에서는 숨겨진 의도가 없을 수 있습니다. 하지만 가짜 공허에서는 자기 잇속만 차리려는 속셈이 있을 수 있습니다.

어떻게 보면 《진지함의 중요성The Importance of Being Earnest》은 제목마저도 공허에 대한 호소일 수 있습니다. 당신 이름이 잭이라면 그냥 잭이라고 하지, 다른 곳에선 다른 사람인

척하려고 어니스트^{Ernest}라는 이름을 사용하지 말라는 것입니다. 이러한 태도는 와일드의 인생철학과 잘 맞아떨어집니다. 즉, 도둑이면 그냥 도둑으로 살지, 괜히 도둑이 아닌 척하지 말라는 뜻입니다.

  와일드의 희곡은 사람들이 솔직하지 않고 서로 끊임없이 술수를 부릴 때 생기는 혼란을 생생하게 보여줍니다. 비즈니스, 정치, 일상적인 대화 속에 가득한 거짓 증언과 교묘한 속임수를 생각하면, 세상이 이만큼이나 잘 굴러간다는 사실이 놀라울 따름입니다. 솔직한 대화는 개인의 이익뿐만 아니라 인류의 미래를 위해서도 추구해야 하는 미덕입니다. 두려워하지 말고 솔직하게 그리고 때로는 진지하게 말할 수 있다면 마음이 한결 가벼워질 것입니다.

운전사가 없다

⁕

어느 날 나스루딘이 런던을 방문했다. 이층 버스를 탄 그는 위층으로 올라갔다. 잠시 앉아 있다가 주위를 둘러보더니 얼른 아래층으로 내려왔다.

"무슨 문제라도 있습니까?"

차장이 묻자 그는 이렇게 대답했다.

"위층엔 운전사가 없군요."

―

이는 진짜 나스루딘의 이야기처럼 들리지는 않지만 괜찮습니다. 수피^{Sufi}(이슬람 신비주의를 뜻한다. 수피 이야기는 흔히 단순한 언어로 깊은 진리를 전달하고 독자에게 깨달음과 내적 성찰의 기회를 제공한다.-옮긴이) 이야기의 정신을 잘 담고 있으니까요.

항상 남들의 꿈에 귀를 기울이는 사람으로서, 나는 이 이야기에서 익숙한 무언가를 감지합니다. 살면서 누구나 교통수단과 관련된 꿈을 꿉니다. 마치 우리 정신이 움직이고 있음을, 또는 마땅히 움직여야 한다는 점을 암시하는 듯합니다. 많은 사람이 승용차나 기차, 버스, 비행기를 타는 꿈을 자주 꿉니다. 꿈속에서 우리는 흔히 승객이지만 드물게 운전석에 앉아 있기도 하지요. 교통수단이 기차일 때도 있지만 비행기도 자주 등장합니다. 비행기의 경우, 조종사가 되기도 하고 승객이 되기도 합니다. 물론 버스를 타는 경우도 꽤 많습니다. 하지만 꿈에서 이층 버스를 탔다는 이야기는 한 번도 못 들어봤습니다.

 운전대를 잡고 있는지 아닌지에 따라 큰 차이가 있습니다. 당신이 직접 조종하고 있습니까 아니면 다른 누군가, 즉 내면의 다른 충동이나 정신에 주도권을 넘기고 있습니까? 만약 다른 누군가가 운전하고 있다면, 우리는 인도받는 데 선뜻 동의한 셈이며 그 결과 목적지에 무사히 도달할 수도 있습니다. 하지만 직접 운전하거나 조종하고 있다면, 그 매개체vehicle를 통제할 기술이 필요합니다.

나는 매개체라는 단어를 즐겨 사용합니다. 이 단어에는 한 장소에서 다른 장소로 이동하는 운송 수단의 의미를 넘어, 한 존재 상태에서 다른 존재 상태로 이동하는 방법이라는 더 넓은 개념이 담겨 있습니다. 고대 문헌에선 영혼을 이 '매개체'에 비유하면서 '플라톤의 전차'[플라톤은 인간 영혼을 전차에 비유하여, 마부(이성)가 두 마리 말(고귀한 열망과 본능적 욕망)을 통제하며 진리와 선을 향해 나아가는 과정으로 설명한다. 이성은 욕망과 열망을 조율하여 균형을 이루고 올바른 방향으로 영혼을 이끈다.-옮긴이] 같은 개념으로 언급합니다. 불교도 예전엔 마하야나mahayana, 대승와 히나야나hinayana, 소승라는 표현으로 큰 수레와 작은 수레로 불렸습니다. 불교는 또 아무 고통 없이 살 수 있는 반대편으로 건너가게 해주는 뗏목이기도 합니다.

때로는 꿈속 여정이 직업이나 관계, 생활방식을 옮겨가며 인생 전체를 항해하는 과정처럼 느껴집니다. 때로는 그 여정이 짤막하게 끝나기도 합니다. 규모와 상관없이 이동에 관한 꿈은 삶에서 새로운 단계로의 전환을 암시할 수 있습니다.

이 이야기에서 나스루딘은 운전사 없이 다음 목적지로 이동하는 데 불편해합니다. 이게 꿈속 상황이라면, 꿈꾸는 사람은 자신의 능력과 의지 외에 삶을 이끌어 줄 다른 무언가를 신뢰하는 데 어려움을 겪고 있을 수 있습니다. 때로는 흐름을 믿고 신호를 읽으며 운명이나 숙명에 맡겨야 합니다. 이때는 운전석이 비어 있거나 아예 없을 수도 있습니다.

조지프 캠벨Joseph Campbell은 트리스탄과 이졸데에 관한 신화를 다룬 책에서 참으로 멋진 구절을 제시합니다. 이 구절에서 트리스탄은 노도 방향키도 없이 하프만 실린 작은 배에 오릅니다. 그리고 운명이 이끄는 다음 목적지인 아일랜드와 그의 사랑 이졸데를 향해 정처 없이 떠다닙니다.

"트리스탄은 하늘과 지상 만물의 움직임을 주관하는 우주적 힘에 몸을 맡기고, 바다와 천체의 음악에 맞춰 울려 퍼지는 아일랜드 하프의 선율에 실려, 수 세기 후 조이스의 주인공 데달루스가 삶에 자신을 맡길 용기가 있을지 고민하며 거닐게 될 바로 그 더블린만으로 이끌려 갔다."[9]

이 긴 문장은 우리가 새로운 경력이나 프로젝트를 시작할 때, 또는 결혼이라는 모험을 감행하거나 다른 곳으로 이주할 때 마주할 수 있는 상황을 멋지게 묘사합니다. 신뢰, 자신과 세상에 대한 믿음, 통제할 수 없는 삶의 거친 바다로 나아갈 용기는 많은 사람에게 중요한 전환점이 됩니다. 이럴 땐 대개 나침반이나 방향키가 없는 상황입니다.

나스루딘과 버스 이야기는 여정을 통제하는 운전사 없이 앞으로 나아가는 데 따른 두려움을 웃기고 재미있게 전달합니다. 하지만 우리 내면의 트리스탄적 본성은 그와 정반대입니다. 즉, 우리는 삶을 신뢰하고 통제 욕구를 내려놓아야 길을 찾을 수 있습니다.

사람의 결정을 이끄는 힘은 흔히 에고[ego, 자아]로 보이지만, 그것은 우리가 현대 사회에서 감정과 욕망에 영향을 미치는 다른 인격들 또는 다른 자아들[selves]과 조화를 이루지 못하기 때문일 수 있습니다. 사실 이들 또한 우리의 결정을 이끌고 특정 방향으로 나아가게 할 수 있습니다.

만약 에고가 존재하지 않고, 단지 심리 속 다양한 인격이 소망을 드러낼 뿐이라면 어떨까요? 그렇다면 우리에게는 버스 운전사 같은 실제 책임자는 없고 열정과 두려움만 가득할 수도 있습니다. 만약 우리가 믿고 의지하던 운전사가 나타나지 않는다면 어떨까요? 그 자리가 텅 비어 있다면? 특히 '위에 계신 분'이 없고 위쪽 세계에 통제자가 없다면? 그렇다면 우리는 스스로 운전대를 잡거나 직관과 믿음에 의지해 나아가야 합니다. 어쩌면 땅으로 내려와, 삶이 우리를 인도하는 대로 믿고 따라가게 될지도 모르지요.

분자를 깨뜨리라

✦

신은 우리 안에 들어오려면 어떤 방식으로든 우리를 공허하게 비워내서 자리를 마련해야 한다. 그리고 우리를 자신의 존재 안에 동화시키려면 우리의 본질을 이루는 분자들을 깨뜨려 새롭게 주조하고 다시 빚어야 한다. … 그렇게 하면 신성한 불이 우리에게 내려오기 위해 유기적으로 필요한 상태로 우리를 이끌 것이다.[10]

테야르 드 샤르댕*

....

* Pierre Teilhard de Chardin, 1881~1955, 프랑스의 신학자, 고생물학자, 인류학자. 인류의 아프리카 기원설을 주장하고 종교적·진화론적 문명론을 전개했다.

예수회 사제인 피에르 테야르 드 샤르댕은 뛰어난 고생물학자이기도 해서, 1920년대 베이징 원인^{原人} 발굴에 참여하는 등 중국에서 중요한 과학 연구를 수행했습니다. 아울러 통찰력 넘치는 철학자로서 치열한 영적 탐구와 과학적 실천을 통해 진화 개념을 영적 변화까지 포함하는 방향으로 확장했습니다.

샤르댕은 바티칸과 자주 갈등을 빚는 바람에 자신의 저서를 종교 도서관이나 서점에 비치할 수 없었습니다. 나중엔 출판과 강연까지 금지당했죠. 한번은 보스턴대학교에서 그에게 명예 학위를 수여했지만, 그가 상을 받으러 가는 도중에 취소되기도 했습니다. 그의 어떤 사상이 얼마나 위험하거나 위협적이었기에 그토록 강력한 탄압을 받은 걸까요?

샤르댕은 자신의 비전을 표현하기 위해 '크리스토제네시스Christogenesis'와 '오메가 포인트Omega Point'[크리스토제네시스는 '그리스도(Christ)'와 '발생(genesis)'이라는 단어의 결합으로, 인간과 우주가 영적 진화를 통해 그리스도와 하나가 되는 과정을 나타내는 개념이다. 오메가 포인트는 모든 진화 과정의 최종 목적지로, 우주의 모든 존재와 의식이 하나로 결합하고 완전한 통일을 이루는 상태를 나타낸다.-옮긴이] 같은 독특한 용어를 몇 가지 고안했습니다. 그의 사상에서는 현대 사회가 마침내 감정에 휘둘리지 않고 진솔한 사랑의 중요성을 깨닫는 지점에 도달합니다. 위 구절에서 샤르댕은 우리의 주제인 '비움과 공허'를 다루면서 영적 진화를 위해 우리 자신을 비워내야 새롭게 빚어질 수 있다고 강조합니다. 신성은 우리 존재를 구성하는 '분자들을 깨뜨려' 신비한 불을 통해 우리를 변화시키고자 합니다.

그렇다면 우리 존재를 구성하는 분자는 무엇이며, 어떻게 긍정적인 방식으로 깨뜨릴 수 있을까요? 분자는 곧 우리를 구성하는 근본 요소입니다. 이보다 본질적인 것은 없습니다. 단순히 감정이나 생각뿐만 아니라 가장 깊은 방식으로 우리의 정체성을 형성하는, 이를테면 영혼 그 자체라고 할 수 있습니다.

자신을 재구성하고 성숙한 단계로 나아가려면 이 모든 것을 깨뜨려야 합니다. 샤르댕의 관점에서 보면, 우리는 자신이 진정 누구인지 알지 못합니다. 그만큼 너무 어리고 미성숙하며 피상적입니다. 자신이 태어난 세계의 본질을 여전히 모르기 때문에, 삶을 진지하게 받아들이지 못합니다. 우리는 삶이 물리적 세계를 중심으로 돌아간다고 생각하며, 더 나은 기계를 만들고 우주의 광활한 영역을 탐구하는 데 집중합니다. 그러나 결국에 가선 삶이 본래 긍정적 신비로 가득 차 있어서, 단순히 설명되거나 이용할 대상이 아니라 우리 안에 스며들어야 하는 대상임을 깨달을 수 있습니다. 아울러 사랑이 단순한 감정이라기보다는 세상의 행복과 존재를 지탱하는 중심적 힘이라는 사실도 알 수 있습니다.

15~16세기에 활동했던 탐험가들을 생각해 보세요. 그들은 자신이 새로운 세계를 발견하는 놀라운 일을 감행한다고 여겼습니다. 하지만 오늘날 우리가 볼 땐, 그야말로 허술한 배를 타고 카리브해 섬들로 여행을 떠난 것에 불과

합니다. 머지않은 미래에 사람들은 우리 업적을 같은 시각으로 바라볼 것입니다. 인류를 위한 샤르댕의 비전을 실현하려면, 우리는 전혀 다른 차원에서 발전해야 합니다. 기존의 물질적 프로젝트를 계속 발전시키는 것이 아니라, 삶과 삶의 목적을 바라보는 완전히 새로운 방식을 향해 경계를 뛰어넘어야 합니다.

오랫동안 종교와 영적 전통은 우리의 정신이 물질세계 너머의 가능성에 적어도 부분적으로나마 집중하도록 도와주었습니다. 그러나 시간이 흐르면서 이러한 전통은 점차 그 힘을 잃었고, 결국엔 물질주의적 관점을 뒷받침하거나 정신과 물질을 지나치게 분리하여, 우리가 물질세계에서 의미 있게 사는 법을 익히지 못하게 했습니다. 오늘날 눈에 보이지 않는 것들과 무한한 것들은, 우리가 온 힘을 쏟는 물질세계와 거의 아무런 연관도 없습니다.

따라서 우리가 지닌 정체성과 그토록 자랑스러워하는 세계관은 이제 부서지고 열려야 합니다. 우리가 이뤄낸 발견과 발명에 대한 온갖 자부심은 공허 속에서 씻겨 나가야 합니다. 그것에 대한 집착을 내려놓고, 그로 인해 부풀려진 자부심을 덜어내세요. 우리의 가치관과 감정을 비워낼 필요가 있습니다. 샤르댕은 변화를 향한 간절한 외침에서 이를 시사하고 있습니다.

무엇보다도, 우리는 신성을 새롭게 이해하고 받아들여야 합니다. 이젠 '신^{God}'이라는 단어를 사용할 때마다 마이스터 에크하르트$^{Meister\ Eckhart}$와 디트리히 본회퍼$^{Dietrich\ Bonhoeffer}$의 주석을 덧붙이지 않고는 제대로 설명하기 어려운 시대입니다. 그들은 기독교인이었지만 신이라는 개념 자체를 철저히 비워냈던 사람들입니다. 결코 무신론적이거나 세속주의적이라는 의미가 아닙니다. 오히려 종교의 쇄신이라 해야 옳습니다. 그러나 이제는 '종교'라는 단어조차도 선뜻 사용할 수 없게 되었습니다. '신'이라는 단어처럼, 종교 역시 경직되고 감상적으로 흐르면서 본래의 힘과 의미를 상실했기 때문입니다.

우리는 우리의 비전을 무한하고 신비롭게 유지할 대안을 찾아야 합니다. 영성 자체도 비워내야 합니다. 샤르댕은 인류가 목적에 따라 진화하는 모습을 표현하고자 새로운 단어들을 고안했습니다. 우리가 새로운 존재 방식을 향해 나아갈 수 있도록 영적 문제를 다룰 새로운 언어가 필요하다는 점을 제대로 보여주었습니다.

포도주가 다 떨어졌다

✦

 사흘째 되던 날, 갈릴리 가나에서 혼인 잔치가 열렸다. 예수의 어머니가 거기에 계셨고 예수와 그의 제자들도 잔치에 초대를 받았다. 포도주가 떨어지자 예수의 어머니가 예수에게 말씀하셨다.

"포도주가 다 떨어졌다는구나."

그러자 예수가 어머니에게 말씀하셨다.

"어머니, 그것이 나와 어머니에게 무슨 상관이 있습니까? 아직은 내 때가 오지 않았습니다."

예수의 어머니가 하인들에게 말씀하셨다.

"무엇이든지, 그가 시키는 대로 하세요."

유대 사람의 정결 예법에 따라 돌로 만든 물항아리 여섯 개가 놓여 있었는데, 각각은 물 두세 동이들이 항아리였다. 예수가 하인들에게 말씀하셨다. "항아리마다 물을 채워라." 그래서 하인들은 항아리마다 물을 가득 채웠다. 예수가 그들에게 말씀하시기를 "이제는 떠서, 잔치를 맡은 이에게 가져다주어라" 하시니 그들이 그대로 하였다. 잔치를 맡은 이는 포도주로 변한 물을 맛보고도 어디서 났는지 알지 못했으나 물을 떠 온 하인들은 알았다. 잔치를 맡은 이가 신랑을 불러 말했다.

"누구든지 먼저 좋은 포도주를 내놓고 손님들이 취한 뒤엔 덜 좋은 것을 내놓는데, 그대는 이렇게 좋은 포도주를 지금까지 남겨두었구려!"[11]

요한복음 2장 1~10절

―

 요한복음에 나오는 이 유명하고 멋진 이야기는 물이 포도주로 변하는 장면을 통해 예수의 전체 철학을 함축적으로 보여줍니다. 예수의 길을 따르면, 규칙과 죄책감에 얽매인 삶(정화수)에서 기쁨과 즐거움이 넘치는 삶(포도주)으로 바꿉니다. 기적의 포도주가 담긴 항아리는 원래 정화 의식을 위해 물을 담아두는 용도였습니다. 손님이 도착하면 이 물로 손을 씻으며 자신의 의도가 순수함을 상징적으로 드러냈습니다. 예수는 순수함에 대한 우려를 포도주의 취함, 기쁨, 축하로 바꿔놓습니다. 복음서의 여러 이야기를 자세히 살펴보면 잔치와 즐거운 만찬 장면이 자주 등장합니다. 이는 단순히 사실적 묘사에 그치지 않고 사랑과 거룩한 기쁨의 철학을 상징적으로 나타냅니다.

오늘날 우리 사회는 '포도주가 다 떨어진' 상태는 아닐까요? 다들 일하고 돈 버느라 너무 바빠서 축하하고 기쁨을 나누는 능력을 잃어버리진 않았나요? 우리의 파티는 흔히 열심히 일하거나 규칙을 지키려 애쓴 대가로 받는 보상 같습니다. 치료사로서 나는 과거의 죄책감 때문에 삶을 즐기지 못하거나, 지나치게 열심히 일해야 한다는 의무감에 시달리는 사람들을 자주 봅니다. 그 결과, 그들의 파티는 강박적으로 변하고 깊은 만족이나 의미를 주지 못합니다. 이러한 파티에 진정한 의미를 부여하려면, 억지로 채워진 요소를 비워내고 자유롭고 자연스러운 디오니소스의 에너지가 흘러들게 해야 합니다.

그리스인들은 포도주를 디오니소스 신과 연결 지었는데, 디오니소스는 부활의 신들 중 한 명이자 삶과 죽음의 신이며, 단순히 술과 축제의 상징을 넘어 생명력과 죽음의 순환을 아우르는 존재로 이해되었습니다. 유사 이래 예술가들과 신학자들은 예수에게서 디오니소스적인 요소를 발견해왔습니다. 예수는 죽었다가 부활했고, 자신의 피를 포도주에 비유했으며, 포도주를 만드는 능력에 대한 흥미로운 이야기도 전해집니다. 우리의 축제와 파티는 디오니소스 정신을 진정으로 담아내며 삶의 온전한 기쁨을 분출하는 자리가 될 수 있습니다. 단순한 음주보다는 디오니소스 정신으로 축하하고 즐기는 시간이 더 늘어날 수 있습니다. 어쩌면 파티에서 술 소비가 많아질수록 디오니소스의 존재는 더욱 희미해진다고 할 수 있습니다.

사지를 찢긴 디오니소스가 부활하고 다 으깨진 포도가 포도주로 돌아오듯이, 사람도 다 비워진 후 새로운 삶의 방식을 발견할 수 있습니다. 결혼은 이전 삶과의 이별이자 완전히 새로운 경험으로 나아가는 시작입니다. 예수는 우리에게 기존의 형식적이고 율법적인 삶의 방식을 내려놓고, 사랑의 원칙에 기반한 더 기쁘고 풍요로운 삶의 철학으로 나아가라고 가르칩니다.

가나에서 열린 혼인 잔치 이야기에는 텅 빈 항아리가 등장합니다. 예수는 아무런 몸짓도 하지 않고 마법 주문도 외지 않으며 베일을 들어 올리지도 않은 채 기적의 변화를 이뤄냅니다. 텅 비어 있던 항아리에 물이 채워지자 금세 맛 좋은 포도주로 변한 것입니다. 예수는 결혼과 인간의 친밀한 관계에 충만한 기쁨과 환희를 선사합니다.

이 사건이 전개되는 과정에서 예수의 어머니가 맡은 역할에도 주목해야 합니다. 어머니는 포도주가 떨어졌다는 사실을 알아차리는데, 이는 그녀 또한 오랫동안 경배받아 온 존재로서 디오니소스 정신을 지니고 있음을 은연중에 드러냅니다. 예수의 가르침과 삶에서 모성적 측면을 상징하는 어머니는 예수의 철학을 지지합니다. 그 철학은 대개 남성적이고 추상적이며 엄격한 요구를 앞세우는 철학 학파나 종교 조직들의 방식과 확연히 구별됩니다. 어머니는 잔치에서 포도주가 떨어질까 진심으로 걱정합니다. 더 나아가, 디오니소스 정신이 사라져가고 있음을 예민하게 감지합니다.

예수의 가르침을 받아들이면 우리에게 어떤 변화가 일어날까요? 이 이야기는 우리가 도덕주의자^{moralist}에서 벗어나, 삶의 깊고 소박한 즐거움을 추구하는 쾌락주의자^{epicurean}로 변할 수 있음을 보여줍니다. 예수는 또 저녁 만찬에 참석하여, 한 여인더러 그의 발에 향유를 바르도록 격려합니다. 어떤 외경 복음서[정경(正經)으로 인정되지 않는 초기 기독교 문헌을 가리킨다. 예수의 삶과 가르침에 대한 다른 관점을 제시하는 자료로 여겨진다. 도마복음, 마리아복음, 유다복음 등이 있다.-옮긴이][12]에는 예수가 친구들을 이끌고 춤추는 장면이 등장하기도 합니다. 이는 의미 있는 삶에 대한 근엄한 접근이 아니라 쾌락을 인정하고 기쁨을 장려하는 접근 방식입니다. 단순한 오락이 아니라 삶의 법칙과 조화를 이루는 데서 오는 기쁨으로, 인도에서는 이를 '아난다^{ananda}'라고 부릅니다.

고대 인도의 성전인 《우파니샤드^{Upanishads}》에는 풍부한 영성이 '사트 치트 아난다$^{sat-cit-ananda}$', 즉 존재, 인식, 기쁨이라는 세 단어로 구성된다고 나와 있습니다. '아난다'는 자신의 본성과 삶의 방식에 충실한 데서 오는 심오한 기쁨입니다. 예수가 가르치는 기쁨과 일치합니다. 예수는 친구나 가족과 함께 있는 행복, 맛있는 저녁 식사, 결혼식을 위해 고급 포도주를 만드는 데서 그 기쁨을 구현합니다.

오늘날에는 이러한 기쁨이 절실히 필요합니다. 우리는 냉철한 덕목에만 의존한 채, 따뜻한 우정과 공동체의 중요성을 잊어버렸습니다. 규칙과 개인의 성공에만 매달리느라 축하와 즐거움과 친밀한 교제를 위한 시간이 점점 줄어듭니다. 우리는 깨끗이 비워진 항아리, 즉 도취와 기쁨으로 가득 차기를 기다리는 그릇입니다. 그러나 긍정적 관점에서 보면, 이러한 공허는 곧 기쁨과 영적인 삶으로 다시 채워질 준비 단계라고 할 수 있습니다. 바로 디오니소스적 예수를 통해 실현되는 새로운 영적 충만입니다.

빈 마차

✦

　리즈헨스크에 사는 엘리멜레크 랍비가 어느 날 마차에 앉아 목적지로 가고 있었다. 길 가던 사람들이 그를 보고 뒤를 따르기 시작했다. 시간이 갈수록 따르는 무리가 점점 더 늘어났다. 랍비는 자신을 따라오는 사람들의 소란스러운 소리를 듣고 마부에게 물었다.

　"웬 소란이냐?"

　"사람들이 성스러움과 덕을 따르고 싶어 합니다."

　마부가 대답했다.

　"아, 나도 그렇단다."

　랍비는 그렇게 말하고 마차에서 내려, 이젠 텅 빈 마차를 따라가는 사람들 무리에 합류했다.[13]

― ―

 영적 지도자가 우월감을 느끼고 존경받기를 바라는 마음은 어찌 보면 자연스러운 일입니다. 지식, 기술, 경험, 지위, 각종 자격증과 직함 등을 내세우며 자신이 특별하다고 생각하기 쉽지요. 과연 몇 명의 지도자가 스스로 마차에서 내려와 사소한 자존심을 내려놓고 겸허히 지혜를 따를 수 있을까요?

 최고의 지도자는 좋은 추종자이며 최고의 스승은 좋은 제자라는 역설을 이해하는 영적 지도자는 흔치 않습니다. 그러니 가르칠 때는 배움을 즐긴다는 사실을 늘 마음에 새기세요. 공부할 때는 스승을 따르되, 결국 자기 자신에게서도 배운다는 점을 기억하세요. 스승과 제자는 결코 둘로 나뉠 수 없는 존재입니다. 둘이 함께 지혜의 빈 마차를 따라가야 합니다.

 배움에서 공허란 정보와 기술로 가득 찬 당신, 즉 교사가 학생들의 중심이 아니라는 뜻입니다. 학생은 지혜와 성스러움을 추구해야 합니다. 지식은 세상에서 가장 성스러운 것 중 하나이며, 삶을 가치 있게 만들기 때문입니다. 교사는 지식을 안내할 뿐, 지식의 원천이 아닙니다.

당신 또한 눈에 보이지 않는 공허한 목표를 향해 나아가고 있음을 깨달아야 합니다. 이는 개인적 성공이 아니라, 어쩌면 교육을 통해 인류 발전에 기여하려는 목적일 것입니다. 그러니 자신만의 이론과 실천 방식에 지나치게 집착하거나 고정되지 않도록 주의하세요. 오히려 자신의 가르침 속에 있는 그 공허를 꾸준히 살피고 가꾸어야 하는데, 이것이야말로 어려운 과제입니다. 마치 융 학파인 심리학자가 "융이라고 모든 해답을 알고 있지는 않다"라고 말하거나 과학자가 "과학 너머에도 배울 게 많다"라고 인정하는 것과 같으니까요.

제자들과 추종자들이 당신을 향한 사랑을 표현할 때, 너무 개인적으로 받아들이지 마세요. 그들은 당신이 제시한 비전에, 그리고 삶을 더 풍요롭고 의미 있게 해준 학습 방식에 매료된 것입니다. 당신은 단지 매개체일 뿐 진정한 주목의 대상이 아닙니다. 찬사의 소리가 들려온다면, 고귀한 마차에서 내려 제자들과 함께 '보이진 않지만 소중한' 가치를 기리는 데 동참하라는 신호임을 명심하세요.

우리는 흔적으로 남는다

✦

　우리는 미세한 흔적으로 남아, 마치 중국 실크스크린에 희미하게 새겨진 선처럼 가늘고 섬세한 모습으로 존재를 이어간다. 하지만 그 미세한 안료와 탄소층조차도 얼굴의 깊은 의미와 본질을 담아낼 수 있다. 우리는 짧은 선율처럼 덧없이 스러지지만, 불협화음으로 이루어진 독특한 곡조로 남아 우리가 사라진 뒤에도 길게 울려 퍼진다. 이것이 우리의 미학적 현실의 섬세한 본질이다. 오래되었지만 소중한 이미지로 남아 시간이 지나도 잔잔히 지속된다.

제임스 힐먼

―

　이 구절은 제임스 힐먼(1926~2011)이 쓴 《나이듦의 철학》

마지막 부분이자, 내가 그의 장례식 날 무덤가에서 낭송했던 내용입니다. 제임스는 인간의 삶이 얼마나 연약하고 아름다운지 완벽하게 묘사했습니다. 전체적으로 보면 대단치 않게 보일지라도, 인간의 삶은 오래도록 남아 음악처럼 아름다운 울림을 전합니다.

제임스에 대해, 그리고 그가 묘사한 공허에 대해 말하고 싶습니다. 젊은 시절 제임스는 세계를 돌아다니며 소르본대학교와 트리니티대학교 등 교육의 메카에서 공부했습니다. 융을 접한 뒤엔 융 사상에 정통한 전문가가 되었습니다. 하지만 그와 동시에 자신만의 심리학을 발전시키며 융의 가르침에서 벗어나야 할 부분에서는 독자적인 길을 선택했습니다. 이러한 행보로 동료 학자들에게 격렬한 비판과 비난을 받았지만, 그는 자신의 내적 지침을 충실히 따랐습니다. 융을 본보기 삼고 영감을 받아 자기 안에서 발견한 비전을 끝까지 고수했지요.

그는 자신의 다이몬^{daimon}, 즉 인도하는 목소리나 충동을 따랐고, 내면의 지침을 따르는 데서 오는 아름다움과 고통을 알았습니다. 제임스는 이러한 목소리가 자신을 통해 자유롭게 표출되게 함으로써 강력한 스승이 되었습니다. 그러면서도 과거의 스승들을 존경하고 어리석음을 절대 용납하지 않았지요. 다시 말해, 유행처럼 떠오르는 가짜 지혜의 거품에 휩쓸리는 법이 없었습니다. 그는 자신의 길을 걸으며, 시대를 초월한 지혜와 어깨를 나란히 할 만한 업적을 남겼습니다.

배움과 가르침에 대한 제임스의 접근법은 심오한 공허의 한 예입니다. 내면을 비워야만 영감이 찾아와 우리를 변화시키고 다듬을 수 있습니다. 창조자 역할을 제대로 수행하려면 한발 물러나, 선조들이 이루고자 했던 오랜 과업을 우리를 통해 완성할 수 있도록 해야 합니다. 우리는 결국 이 섬세한 삶을 어느 정도 미완성인 채로 마무리하며, 평생 고군분투해온 소중한 일들을 다음 세대에게 넘깁니다. 상당히 유용한 수준의 공허를 남기고 떠납니다. 우리가 미래에 남기는 유산은 그간 이뤄낸 성취뿐만 아니라 미완으로 남겨둔 일들까지 포함하기 때문입니다.

제임스의 말은 공허 자체가 항상 절대적이진 않다는 점을 우리에게 알려줍니다. 우리는 남겨진 작은 흔적에서, 곡식 자루의 구멍에서, 또 수천 명을 먹이기엔 턱없이 부족한 물고기와 빵 조각에서 그 사실을 알아차립니다. 공허 자체가 진정으로 비어 있지 않다면, 우리를 비우고 새롭게 채울 수 없습니다.

이 글을 쓰는 지금 나는 여든 살입니다. 내 친구 제임스 힐먼처럼 나도 수많은 책에 그리고 제자들과 친구들의 스쳐 지나가는 생각 속에, 인간의 삶에 대한 내 성찰의 흔적을 남기고 싶습니다. 인간의 완벽함에 아주 작은 요소를 더하는, 떠다니는 연기 같은 형태로 말이지요. 그토록 미세한 덧붙임도 인류가 성숙해지는 과정에서 무척 중요한 가치를 지닙니다. 작디작지만 참으로 아름답고 소중합니다.

내 허벅지는 어디로 사라지는가?

죽으면 어떻게 될까? 라는 질문은, 손을 펴면 주먹은 어디 가는지 혹은 일어서면 (아이를 앉힐 수 있는) 허벅지는 어디로 사라지는지 묻는 것과 같다.[15]

앨런 왓츠*

인생에서 가장 큰 공허는 우리가 세상을 떠날 때 남겨지는 공간입니다. 주먹을 편다거나 허벅지 공간이 사라진다는 앨런 왓츠의 익살스러운 비유를 읽으면, 나는 마술사의

....

* Alan Watts, 1915~1973, 작가, 철학자. 동양 철학과 서양 심리학을 융합해 독특한 철학적 관점을 제시했다.

동작이 떠오릅니다. 이 세상에 나타났다 사라지는 일은 마법처럼 신비롭습니다. 마치 카드나 동전이 나타났다 사라지는 마술 같아요. 태어나면서 우리는 갑자기 이 세상에 존재하게 되고 주어진 시간 속에서 열정적으로 살아갑니다. 그러다 어느 순간 사라지며 어디로 가는지조차 모릅니다.

죽음이라는 사라짐에 대해 저마다 믿음이나 추측, 어렴풋한 단서를 내놓을 수는 있지만, 실제로 어떻게 이루어지는지 또는 정말로 이루어지기는 하는지 확실히 아는 사람은 아무도 없습니다. 무슨 일이 일어나든 인생은 믿기 힘들 정도로 짧습니다. 특히 나이가 들수록 삶의 끝을 더 자주 떠올리게 됩니다. 이 끝맺음을 긍정적이고 낙관적으로 생각하면 도움이 되겠지만, 단지 기분이 좋아지기 위해 환상을 품고 싶지는 않겠지요.

이 중요한 문제를 다루는 나만의 방식은 신중히 생각하려는 노력입니다. 자신을 속인다거나 단순히 천국과 환생과 허무주의 같은 기존의 믿음 중 하나를 도피처로 선택하고 싶지는 않습니다. 나는 이러한 해결책의 다양한 변형을 존중하며, 어느 정도는 받아들이기도 합니다. 하지만 내게 더 설득력 있게 다가오는 태도는 과학이 세상만사를 전부 알지는 못한다는 사실을 인정하는 것입니다.

내가 보는 이 세상은 과학이 설명하는 범위보다 훨씬 더 신비롭습니다. 우리 주변에는 여전히 미스터리와 수수께끼, 풀리지 않은 현상이 수두룩하니까요. 게다가 나는 현대 실험 심리학에서 주장하듯, 인간이 그저 뇌의 통제를 받는 존재라고 생각하지 않습니다. 나는 깊은 사고와 감정을 지닌 존재로 의미 있는 삶을 살아갑니다. 우리 세대에 대한 희망과 두려움을 품고 있으며, 이러한 경험이 단순한 물리적 존재에게서 비롯된다고 생각하지 않습니다. 나를 비롯한 인간에게는 영혼이 있음을 느낀다는 말입니다.

융은 이 영혼이 육체에 전적으로 의존하지 않는다고 말했는데, 나 역시 내 안에서 그렇게 느낍니다. 그래서 인간의 삶을 바라보는 내 관점은 단순히 물리적 차원을 넘어서며, 내 마지막 사라짐에 대한 희망을 품을 수 있습니다.

나는 영생을 믿는 가톨릭 신앙 속에서 자랐습니다. 성인인 지금은 어렸을 때 배운 여러 유치한 믿음에서 벗어났을지 모르지만, 그것을 새롭게 해석하고 존중합니다. 굳이 부모와 교사들의 믿음을 완전히 부정하며 내가 그들보다 더 똑똑하다고 증명할 필요는 없습니다.

내 삶의 시작과 끝을 감싸는 듯한 공허 앞에서 내게 희망을 주는 마지막 요소는, 예나 지금이나 나와 가까운 사람들에 대한 사랑입니다. 사랑은 시간을 초월하는 감정이며 단순히 육체적인 관념에 그치지 않습니다. 이처럼 강렬한 사랑이 도중에 허무하게 사라져 버린다면 세상이 너무 삭막하지 않겠습니까. 나는 그런 극단적인 냉소주의 속에서는 살 수 없습니다.

나는 내 삶을 일직선상에서 벌어지는 개별 사건들의 기나긴 서사로 생각하지 않습니다. 나에게 시간은 흐르는 게 아니라 헤아릴 수 없는 현재의 순간입니다. 내 삶의 온갖 사건은 하나씩 모습을 드러내며, 내 주변의 여러 일화로 이루어진 하나의 '원'을 형성합니다. 이 모든 사건은 한순간에 공존하고, 매 순간 나는 과거 사건들의 총합에 지금 일어나는 사건이 더해진 존재로서 살아갑니다.

　나는 젊은 시절 배운 미덕, 즉 마음의 힘인 희망을 길러 나갑니다. 희망은 내가 원하는 무언가가 반드시 주어지리라는 기대가 아니라, 삶을 향한 열린 신뢰입니다. 순진한 믿음과는 다르며, 구체적인 기대가 없을 때조차도 나는 희망이 어떤 감정인지 압니다. 의사가 의학적으로 더는 할 수 있는 일이 없다고 말할 때 우리가 의지하는 대상이 희망입니다. 그 순간 붙잡는 희망은 이성적이지도 않고 입증된 것도 없습니다. 그러나 풀리지 않는 수수께끼와 절망 앞에 놓인 우리를 지탱해 주는 영혼의 힘입니다.

　나는 마지막 사라짐에 대한 앨런 왓츠의 비유를 좋아합니다. 참으로 단순하면서도 재미있으니까요. 희망에서 비롯된 기쁨이 죽음을 최소한 견딜 수 있게 해준다고 생각합니다. 주먹을 펴거나 일어서는 단순한 행동은 죽음이 얼마나 일상적이고 자연스러운 현상인지 보여줍니다. 그것은 너무나 단순해서 우리가 아무리 노력한다 해도 그 본질적 단순함을 바꾸거나 눈에 띄는 변화를 만들 수 없습니다.

다른 것은 없었다

✦

　안식 후 첫날 새벽 여인들이 미리 준비한 향품을 가지고 무덤에 갔다가 돌이 무덤에서 굴려 옮겨진 것을 보았다. 안으로 들어가자 예수의 시신이 보이지 않았다. … 그들은 무덤을 떠나 열한 사도와 다른 이들에게 이 모든 사실을 알렸다. 이 여인들은 막달라 마리아와 요안나, 야고보의 모친 마리아였다. … 그리하여 베드로는 일어나 무덤으로 달려갔다. 몸을 구부려 안을 들여다보니 수의만 보였다. 다른 것은 더 없었다.[16]

누가복음 24장 1~12절

—

　이 복음서는 역사상 가장 위대한 공허를 이야기합니다.

바로 예수의 텅 빈 무덤이지요. 여기에 등장하는 사건을 하나씩 떠올려 봅시다. 예수는 오랫동안 자신이 사흘 만에 부활할 거라고 암시해 왔습니다. 처형된 지 사흘째 되는 날, 그의 여성 추종자들이 예수가 묻혔다는 무덤으로 찾아갔습니다. 그런데 무덤엔 수의만 있을 뿐 예수의 모습은 보이지 않았습니다. 시신이 사라졌습니다. 무덤이 텅 빈 것입니다. 남은 건 아마포로 된 수의뿐, 그리스어로 '모나 mona', 즉 다른 것은 없었습니다. 그게 다였습니다!

이 빈 무덤은 복음서에 나오는 예수의 모든 세부 묘사 중에서 가장 중요하고 가장 놀라운 부분입니다. 예수는 그곳에 계시지 않습니다. 그 말은 부활하셨다는 뜻입니다. 그리고 '부활하셨다'라는 말은 곧 '떠나셨다'라는 뜻입니다. 예수가 이 세상에 머물렀던 자리는 이제 텅 비어 있습니다. 따라서 부활은 예수 생애에서 가장 중요한 주제가 됩니다. 텅 빈 무덤은 곧 그의 본질입니다. 예수는 제자들에게 이제 그들이 예수의 가르침대로 살면서 그의 존재를 구현하게 되리라고 말씀하셨습니다.

그렇다면 이는 무슨 의미일까요? 부활 이야기는 실제 역사적 사실일까요? 예수는 말 그대로 육체적으로 부활했을까요? 많은 사람이 그렇게 생각합니다. 아니면 예수의 가르침이 지닌 진실을 전하는 이야기일까요? 우리가 무지하고 무기력한 삶을 털고 일어나야 한다는 메시지일까요? 텅 빈 무덤은 우리의 휴면 상태가 끝났다는 신호일까요? 우리는 이제 깨어났습니다. 삶의 본질이 무엇인지 그리고 그 삶을 어떻게 이어가야 할지 훨씬 더 깊이 깨달았습니다.

빈 무덤의 이미지는 우리를 향한 강력한 각성 메시지입니다. 우리도 무기력한 삶에서 벗어나 새롭게 일어설 수 있다는 뜻입니다. 예수가 전하신 하나님 나라의 새로운 삶을 살아가라는 초대입니다. 부처도 이와 비슷한 깨달음을 경험했습니다. 부처는 가족의 품을 떠나 속세의 노화, 질병, 죽음, 수행자의 삶을 목격하며 깨어났습니다. 부처는 '깨달은 자'로 알려져 있습니다. 복음서에서 사용된 그리스어 '에게이로^{egeiro}'는 '일어나다' 혹은 '깨어나다'라는 의미를 담고 있습니다.

그렇다면 우리의 휴면 상태는 어떨까요? 우리는 주로 문화적 사고방식과 그 문화가 부여하는 의미에 푹 빠져 지냅니다. 미디어가 제시하는 가치를 아무 의심 없이 받아들이고, 별다른 의문도 품지 않습니다. 우리는 가족에게 물려받은 오랜 습관에도 길들어 있습니다. 대대로 내려온 그들의 무지와 무분별한 방식까지 그대로 흡수하지요. 전통적인 종교의 유치한 믿음과 피상적 가치도 아무 비판 없이 수용하며 살아갑니다.

어떤 가르침도 단순히 받아들이고 흡수하는 식으로는 충분하지 않습니다. 깊이 숙고하고 꾸준히 실천하면서 적어도 일부라도 몸에 배게 하세요. 그 가르침이 당신 안에서 자연스럽게 살아 숨 쉬어야 합니다. 그렇지 않고 죽은 듯 방치한다면, 당신은 결국 삶을 무의미하게 흘려보낼 것입니다.

단지 돈을 벌려고 직업을 구하거나 경력을 선택할 뿐, 끊임없이 변화하고 성장하는 삶의 진정한 소명을 외면한다면 잠들어 있는 상태에 불과합니다. 삶이 다할 때까지 변화와 예상치 못한 전환에 마음을 열어야 합니다. 지나친 안락에 안주하지 마세요. 안락함은 깨어서 일하는 태도가 아니라 잠들기 위한 상태이기 때문입니다.

결혼 생활이나 직장생활 등 삶의 중요한 국면이 끝난 뒤, 우리의 자아가 머물던 공간을 누군가가 들여다보면 텅 비어 있어야 합니다. 우리는 이미 새로운 모습으로 다시 깨어났기 때문입니다. 정체된 과거의 자아가 아니라 새롭게 깨어나 활기차게 살아가는 존재입니다. 옛 자아는 이제 더는 그곳에 없습니다. 우리는 앞으로 나아갔습니다. 삶의 여정에서 여러 번 깨어났고, 그때마다 과거의 자아가 머물던 자리는 텅 빈 채로 남겨졌습니다.

복음서에 나오는 빈 무덤은 우리가 어떠한 죽음을 겪었든 다시 일어설 수 있다는 가능성을 보여줍니다. 삶의 어떤 결말이나 실패가 마지막이고 종말처럼 느껴지면, 깊은 우울감에 빠져 감정적으로 갇힐 수 있습니다. 바로 그때 빈 무덤이 필요합니다. 빈 무덤은 우리가 더는 그 죽음 같은 상태에 머무르지 않고 다시 살아났음을 보여주는 강력한 상징입니다.

빈 무덤은 상실이나 실패를 겪은 후의 재기를 상징하는 은유에서 그치지 않습니다. 삶이 죽음으로 끝나지 않고, 죽은 뒤에 다른 형태의 삶으로 전환된다는 느낌을 뒷받침하기도 합니다. 그런 점에서 빈 무덤은 그리스 '엘레우시스 신비Eleusinian Mysteries' 의식(페르세포네가 하데스에게 납치되었다가 어머니 데메테르와 재회하는 신화를 바탕으로, 계절의 변화와 생명의 순환을 상징하는 의식. 죽음과 부활, 자연의 생명 주기를 통해 죽음 이후 새로운 삶의 가능성과 영혼의 지속성을 깨닫게 해준다.-옮긴이)에 나타나는 곡식의 비유와 비슷합니다. 이는 죽음과 부활이 땅에 심긴 씨앗처럼 자연의 법칙임을 사람들에게 상기해 줍니다. 그러므로 죽음이 마지막이 아니라는 희망을 품는 것은 지혜로운 일입니다. 이는 지식도 아니고 믿음도 아닙니다. 순수하고 단순한 희망입니다. 빈 무덤의 이미지는 굳이 말로 설명하지 않아도, 삶에는 아직 밝혀지지 않은 비밀이 있다는 희망을 줍니다. 그 비밀 중 하나는 우리가 아직 이해하지 못하는 방식으로 새로운 길이 열릴 수 있다는 희망일지도 모릅니다.

노력을 멈추라

행복해지려는 노력을 멈추는 순간 행복해진다.[17]

장자*

―

 쾌락, 만족, 기쁨, 행운, 쾌활. 모두 사전에서 행복과 연관 지어 설명하는 단어입니다. 사람들은 일이 술술 풀리고 마음속에 걱정을 드리우는 먹구름이 없을 때 행복하다고 느낍니다.
 "뭐가 걱정이야?"

....

* 莊子, 기원전 369?~기원전 286, 전국시대 송나라 출신으로, 제자백가 중 도가의 대표적 인물.

풍자 잡지 〈매드Mad〉의 마스코트 알프레드 E. 뉴먼Alfred E. Neuman이 입버릇처럼 하던 말입니다. 하지만 그렇다고 해서 그가 행복의 모델로 적합한 인물은 아닙니다. 그의 표정은 즐거움보다는 멍하고 어리둥절한 쪽에 가까웠거든요.

행복도 본래 그렇습니다. 오늘날 행복을 진지하게 연구하는 사람들이 있지만, 그 개념에는 가벼움이 깃들어 있어서 쉽게 손에 잡히지 않습니다. 행복은 너무 가벼워서 그 속에서 무게감이나 깊이를 찾기가 어렵습니다. 때로는 순간적으로 스쳐 지나가는 만족감에 불과할 수도 있죠. 마치 하늘에서 떨어지는 유성처럼, 혹은 월리스 스티븐스Wallace Stevens의 표현대로 '덤불 속으로 사라지는 꿩[18]'처럼 금세 없어집니다. 그러나 길게 지속되지 않더라도 소중하고 가치 있지요.

장자는 행복해지려 애쓰는 것이야말로 완전히 잘못된 접근이라고 말합니다. 물론 도가 사상에서는 애써 무언가를 하려 들지 말라고 합니다. 도가의 이상은 '무위無爲', 즉 아무것도 하지 않으면서도 많은 일을 이루는 데 있습니다.

억지로 행복을 강요할 수 없습니다. 특별한 곳으로 휴가를 가서 행복해지려 애쓸 수 있지만, 그 계획이 뜻대로 되지 않기도 합니다. 행복이란 억지로 만들어낼 수 있는 상태가 아니라 그저 자연스럽게 스며드는 기분이니까요. 그런 점에서 행복은 신이나 천사가 주는 선물입니다.

물론 행복이 더 쉽게 찾아오도록 삶을 조율할 수는 있습니다. 하지만 억지로 밀어붙이거나 강요하지 않는 게 중요합니다. 우리는 그저 무대를 준비하고, 행복의 천사가 찾아와 주기를 바랄 뿐입니다. 행복은 마치 예술가에게 영감을 주는 특별한 뮤즈와 같습니다. 삶을 앞으로 나아가게 하거나 위험을 미리 경고하는 보이지 않는 힘, 즉 다이몬이 건네는 뜻밖의 선물일지도 모릅니다. 아리스토텔레스는 행복을 '에우다이모니온^{eudaimonion}'이라고 표현했는데 이는 '좋은 다이몬'이라는 뜻입니다.

다이몬은 자주 모습을 드러내지 않습니다. 행복도 그렇습니다. 행복은 스쳐 지나가는 감흥일 뿐 지속되는 상태가 아닐 수 있습니다. 하지만 그 짧은 행복의 깨달음만으로도 우리를 지탱하기에 충분합니다. 행복은 전기 충격처럼 갑작스레 다가와 활력을 불어넣고, 잔잔히 퍼져나가 우리가 마치 행복한 삶을 계속 영위하는 듯한 느낌을 주기도 합니다. 그렇게 우리는 다음 행복이 찾아올 때까지 살아갈 힘을 얻습니다.

이 모든 말은 곧 행복도 우리의 요구와 통제를 벗어나 텅 비어 있을 수 있다는 뜻입니다. 행복은 노력의 산물이라기보다는 미스터리에 가깝고, 성취라기보다는 선물에 가깝습니다. 행복을 비워두어야 비로소 그 충만함이 우리에게 찾아올 수 있습니다. 불행 역시 삶의 자연스럽고 가치 있는 일부로 받아들여야 우리에게 찾아온 행복을 온전히 붙잡을 수 있습니다.

행복은 난관, 슬픔, 단조로운 일상과 어우러진 리듬 속에서 오히려 더 만족스러울 수 있습니다. 한없이 행복하면 지루하고 무기력해질지도 모릅니다. 찾아왔다가 떠나는 과정에, 그 존재와 부재의 리듬에 행복의 묘미가 있습니다. 우리가 끝없는 행복을 원하지 않는 이유는, 그렇게 되면 자신이 무엇을 가졌는지조차 알 수 없기 때문입니다. 행복은 사실 그와 반대되는 감정으로 정의됩니다. 슬픔이 가라앉거나 우울이 물러갈 때, 그저 그것들이 사라졌다는 사실만으로도 행복하다고 느낄 수 있습니다.

혹은 행복한 감정이 때로는 어떤 형태로든 불행으로 이어진다는 사실을 깨달을지도 모릅니다. 가령 예상치 못한 돈을 손에 넣으면 처음엔 무척 행복하겠지요. 하지만 시간이 지나면 부유한 생활의 단점을 경험할 것입니다. 더없이 행복한 상태로 결혼했다가 일 년쯤 뒤에는 결혼 생활에서 벗어나고 싶은 마음이 간절해질 수도 있습니다. 원하는 일자리를 얻었지만 시간이 지나면 그 약속된 행운이 허상임을 느낄 수도 있습니다.

행복에는 두 가지 유형이 있습니다. 하나는 행운이나 평온한 순간, 특히 감정적으로 안정될 때 찾아오는 행복입니다. 다른 하나는 우리가 자기 자신으로 존재하며, 내면의 진실한 원칙과 연결되고 어떠한 강박도 없이 자연스럽게 살아갈 때 찾아오는 행복입니다.

이러한 행복을 직접 얻어내려 하기보다는, 삶의 원리를 이해하고 자신의 본성을 알아가며 그 본성을 거스르지 않도록 노력해야 합니다. 그러다 보면 진정한 행복이 찾아옵니다. 그 행복은 설령 일이 뜻대로 풀리지 않거나 어쩌다 슬픔이 찾아와도 쉽게 사라지지 않습니다. 마치 석양의 은은한 오색구름처럼 내면 깊숙이 스며들어, 당신을 따스하게 물들일 것입니다.

말이 필요 없다

통발은 물고기를 잡는 것이다. 물고기를 잡고 나면 통발이 필요 없다.

  올무는 토끼를 잡는 것이다. 토끼를 잡고 나면 올무가 필요 없다.

  말은 뜻을 전하는 것이다. 뜻을 얻고 나면 말이 필요 없다. 나는 말이 없는 사람을 만나 대화를 나누고 싶다.[19]

장자

  말이 없는 사람과 어떻게 대화를 나눌 수 있을까요? 그냥 침묵 속에 함께 서 있을까요, 아니면 혼자서 아무 말이나 지껄여야 할까요? 어쩌면 명확히 정의되지 않는 단어들, 즉 시처럼 자유롭게 떠다니는 말을 써야 할지도 모릅니다.

시인 로버트 프로스트Robert Frost가 갈림길에서 "덜 걸어간 길을 택했다"[20]고 쓴 내용은, 단순히 길에 대한 언급이 아닙니다. 그는 자신의 삶을 말하고 있습니다. 여기서 길은 문자 그대로의 '길'을 뜻하지 않습니다. 초현실주의 화가 르네 마그리트René Magritte는 담배 파이프를 그려 놓고 밑에다 "이것은 파이프가 아니다"라고 적었습니다. 당연히 파이프가 아닙니다. 그것으로 담배를 피울 수는 없으니까요. 그와 마찬가지로, 우리는 프로스트가 걸었던 길이나 걷지 않았던 길을 결코 찾아낼 수 없을 것입니다. 어차피 길이 아니니까요.

말이 겉으로 드러나는 뜻을 그대로 의미하지 않는다면, 말이란 무엇일까요? 말은 그 자체로 역사가 있으며 독특한 특성까지 갖추고 있습니다. 시적으로 사용될 때는 사전적 정의나 화자의 의도와 전혀 다른 뜻을 전달하기도 합니다. 프로스트의 시는 실제로 물리적인 길에 관한 내용이 아니라 어떻게 살아갈지에 관한 이야기입니다.

말에 담긴 공허는 제한된 정의에 대한 저항일 수도 있고, 그 뿌리를 이루는 깊은 역사적 어원을 드러내는 것일 수도 있습니다. 예를 들면 식당^{restaurant}이라는 단어는 흔히 잘 요리된 음식을 먹으러 가는 장소라고 생각하지만, 이 단어의 어원은 '회복하다^{restore}'라는 뜻으로 전혀 다른 뉘앙스를 전달합니다. 우리는 이 단어를 우리 의도대로 사용하고 싶지만, 그 역사적 뿌리는 명확합니다. 맛있는 음식을 의미하기 이전에 '자신을 회복한다'는 의미입니다. 그러니 평소에 쓰는 단어를 깊이 이해하고, 그 단어가 전하려는 메시지에 귀를 기울이세요. 간혹 사람들이 말한다고 생각하는 의미와 다를 수 있으니까요.

고정된 말에 집착하지 않는 사람들과 대화할 때, 우리는 자유롭게 의사를 표현할 수 있습니다. 전문 용어도, 정해진 대본도, 이념도, 정통성도 필요하지 않습니다. 이러한 개방성이 없다면 그 말은 비어 있지 않습니다. 말이 자유롭게 사용되려면 반드시 비어 있어야 합니다. 집단마다 대체로 자기들만의 특별한 말이 있으며, 개개인도 마찬가지입니다. 어떤 말은 감정이 실려 있어서 공허하지 않습니다. 어떤 말은 우리를 특정 방향으로 이끌려 하거나 교묘하게 조종하려 들기도 합니다. 던져지는 말이 비어 있지 않은 상황을 알아차려야 합니다. 항상 경계하세요!

공허한 말은 논의와 해석에 열려 있습니다. 트로이 목마 속 전사들처럼 숨겨진 의도를 품고 있지 않습니다. 예를 들어 '종교'라는 단어는 내게 어렵게 다가옵니다. 나는 종교를 무한과 신비, 열려 있는 삶의 방식으로 이해합니다. 그러나 종교와 그 종교를 따르는 사람들은 흔히 정반대 의미로 사용합니다. 그들에게 '종교'라는 단어는 열려 있지도, 비어 있지도 않습니다. 오히려 강력한 권위를 지닌 전통적 신념 체계를 의미합니다. '종교'라는 말은 사용 방식에 따라 가장 공허하지 않은 단어이자, 가장 경직된 단어가 됩니다.

말은 다양한 방식으로 그 소중한 공허를 잃을 수 있습니다. 때로는 특정 상황에 맞춰 즉흥적으로 그렇게 되기도 합니다. 가령 누군가가 나와 대화를 나누고 싶다고 말하지만 막상 대화를 시작하니, 자기 생각으로 나를 설득하려는 시도였습니다. 그러면 나는 공허한 말의 가능성에서 전혀 공허하지 않은 말의 현실로 넘어가고 맙니다. 토론을 기대했지만 정작 특정한 방식으로 생각하라고 압박하는 강의를 듣게 된 셈이니까요.

월트 휘트먼^{Walt Whitman}은 말이 우리에게 한없이 친밀하게 다가올 수 있도록 철저히 비워냅니다.

당신은 저것들이 말이라고 생각했나요?
저 곧게 뻗은 직선들이? 저 부드러운 곡선과 각진 모서리와 흩어진 점들이?
아니요, 저것들은 말이 아닙니다.
진정한 말은 땅과 바닷속에 숨 쉬고,
공기 속에 흐르며, 당신 안에 깃들어 있습니다.[21]

우리가 읽거나 내뱉는 말은 진정한 말이 아니에요. 진정한 말은 나무와 개울에 숨어 있습니다.

어느 늙은 현자가 이렇게 말했습니다. "실례지만 잠시 몇 마디 나눌 수 있을까요?"

그의 동행이 대답했습니다. "나는 나눠줄 말이 없습니다. 오히려 말이 나를 소유하고 있지요."

말에는 강력한 힘이 있습니다. 어쩌면 그 의미는 우리에게서 나오지 않을지도 모릅니다. 단 하나의 단어만 살펴봐도, 그 어원이 흐르는 시간 속에서 어떻게 형성되었는지 알 수 있습니다. 그 말을 사용할 때, 우리는 곧 역사의 영향을 받습니다. 제임스 힐먼이 말은 곧 천사요,[22] 메신저요, 메시지라고 했습니다. 그는 말의 천사학 angelology of words을 제안하며, 천사를 연구하는 이들이 우리에게 말과 그 속에 담긴 메시지를 전해야 한다고 주장했습니다.

일상 대화에서 사용되는 온갖 말은 암호화되고, 편견과 기대로 가득 차 있습니다. 많은 사람들이 특정 의도를 담아 말을 하면서, 그 안에 자아의 불안을 쏟아붓고는 합니다. 그들은 대화 상대가 보수인지 진보인지, 종교적인지 세속적인지, 페미니스트인지, 성 소수자인지, 환경운동가인지 궁금해합니다. 이 모든 경우에서, 나는 장자의 입장을 따르되 약간 비틀어서 이렇게 말하고 싶습니다.

"공허한 말을 할 줄 아는 사람을 알려달라. 나는 그 사람과 대화를 나누고 싶다."

호랑이 몇 마리?

✦

　어느 날, 마을의 지도자가 나스루딘에게 호랑이 사냥을 나가자고 요청했다. 나스루딘은 내키지 않았지만 거절할 수 없었다.

　사냥에서 돌아온 후, 친구들이 물었다.

"사냥은 어땠나?"

"끝내줬다네."

나스루딘이 대답했다.

"몇 마리나 잡았나?"

"한 마리도 못 잡았다네."

"그럼 몇 마리나 마주쳤나?"

"한 마리도 못 마주쳤다네."

"그럼 몇 마리나 봤나?"

"한 마리도 못 봤다네."

"호랑이를 한 마리도 못 봤다면서 사냥이 끝내줬다니, 그게 무슨 말인가?"

"호랑이 사냥에서는 한 마리도 못 보는 게 오히려 더 좋다네."

무언가를 찾는 데 지나치게 몰두하느니, 차라리 그 추적을 완전히 포기하는 편이 더 나을 때가 있습니다.

젊은 시절, 나는 앞으로 뭘 하고 살아야 할지 몰랐습니다. 그저 막연히 내 재능에 맞는 직업이 필요하다고 느꼈지요. 그래서 한 대형 보험사의 교육 매뉴얼을 작성하는 직책에 지원했습니다. 그들은 내 글쓰기 실력을 보겠다면서 아무 주제로나 시험 삼아 매뉴얼을 작성해 보라고 했습니다. 나는 익숙한 주제인 파이프 오르간의 작동 원리를 명확하게 설명하는 소책자를 작성했습니다.

회사의 채용 담당자는 아주 노련한 사람이었습니다. 그

는 책자를 살펴본 뒤 이렇게 말했습니다.

"정말 훌륭하게 작성하셨네요. 하지만 당신은 진짜 작가 같아요. 우리는 그저 교육 매뉴얼을 잘 작성할 수 있는 사람, 작가가 되려는 포부가 없는 사람을 찾고 있습니다. 안타깝지만 당신을 채용하긴 어렵습니다."

그의 논리는 분명했지만 왠지 앞뒤가 맞지 않았습니다.

"우리는 글을 잘 쓰는 사람을 찾고 있습니다. 그런데 당신은 글을 너무 훌륭하게 써서 채용할 수 없습니다."

어쨌든 그 일자리를 얻지 못한 게 오히려 다행이었습니다. 그런 일에 매달렸다간 열정이 꺾였을 테니까요. 그 일을 놓친 덕분에 나는 비워진 채로 남을 수 있었고, 결국 나를 기다리고 있던 더 멋진 경력을 발견할 수 있었습니다. 당시에 누군가가 내 인생 직업을 찾는 여정에 대해서 "괜찮은 단서라도 있나요?"라고 물었다면 나는 이렇게 대답했을 것입니다.

"하나도 없으니 오히려 더 좋죠."

이 단순한 이야기에는 중요한 인생 교훈이 몇 가지 담겨 있습니다. 예를 들어 간절히 원하는 무언가를 찾으려고 애썼지만 결국 아무것도 얻지 못했다면, 그것이 오히려 당신에게 최선일 수 있습니다. 모든 욕망이 반드시 좋은 결과로 이어지지는 않기 때문입니다.

우리는 간혹 강렬한 욕망에 사로잡혀 그 목표가 장기적으로 해로울 수 있다는 점을 쉽게 간과합니다. 큰 그림을 못 보고 작은 목표에만 집착하기 때문입니다. 아울러 원하는 바를 이루면 다른 가능성이 가로막히는 결과를 초래할 수도 있습니다. 한 가지 욕망에 빠져 그대로 실현해 버리면, 앞으로 다가올 다른 기회나 가능성을 놓칠 위험이 있다는 사실을 늘 염두에 두어야 합니다.

"그때 네가 찾던 일자리를 구했나?"라고 친구가 물으면 당신은 이렇게 대답할 수 있을 것입니다.

"아니. 그 대신 전혀 예상치 못한 다른 일을 구했는데, 그게 오히려 내가 원하던 완벽한 일이지 뭐야."

나스루딘이 사냥에서 호랑이를 못 봤어도 전혀 실망하지 않았다는 사실에 주목하세요. 그는 공허에 익숙하며, 자신이 찾으려는 대상의 흔적조차 발견하지 못해도 그 안에서 가치를 찾아냅니다. 어쩌면 꼭 성공하지 못하더라도, 추구하는 과정 자체로 충분히 의미 있습니다.

나는 성직자, 음악가, 대학교수가 되려고 무척 노력했습니다. 그러다 결국 베스트셀러 작가이자 세계를 두루 돌아다니는 강연자가 되었습니다. 둘 다 내가 열망했던 일은 아니었습니다. 나는 그런 역할을 추구하지 않았지만 결국 내가 얻은 직업입니다. 다행히 초기 목표가 내 탐색을 멈추게 하지는 않았습니다. 내가 구한 일은 처음에 찾던 일자리와 달랐지만, 내가 애써 구하려 했던 어떤 일보다 더 큰 가치를 안겨주었습니다.

내 친구 존은 엔지니어가 되고자 열심히 노력했고, 소규모 대학에서 엔지니어 일자리도 구했습니다. 하지만 학교에서 사역하는 교목 school chaplain 일에 매료되어 신학을 공부하기 시작했습니다. 그 뒤로 한 교회에서 목사로 활동했지만 그 일이 자신에게 맞지 않는다고 느꼈습니다. 그래서 다시 훈련을 받아 전문 심리치료사가 되었습니다. 존은 자신이 본래 엔지니어로 살아갈 운명이라고 말했지만, 심리치료사가 된 것에 만족했습니다. 처음엔 과학자의 삶을 추구했지만 그 길에선 아무것도 얻지 못했습니다. 결국 그는 심리치료라는 일에서 자신이 늘 찾아 헤매던 '호랑이'를 발견했고, 그 일을 하면서 깊은 충만함을 느꼈습니다.

이 통찰력 있는 이야기는 목표보다 여정 자체가 더 중요할 수 있다는 점을 시사합니다. 그리스의 시인 C. P. 카바피Constantine P. Cavafy가 "이타카"라는 유명한 시에서 말했듯이, 목표는 비록 마지막에 실망을 안겨줄지라도 우리를 여정으로 이끌고 그 길에 계속 머물게 합니다.

이타카는 그대에게 아름다운 여행을 선사했고
…
그러나 이제는 그대에게 줄 것이 하나도 없구나.[23]

빈 화분

✦

 황제가 물러나고 후계자를 찾아야 할 때가 되었다. 황제는 제국의 모든 아이에게 비옥한 흙이 담긴 화분을 하나씩 나눠주면서 말했다.

 "화분마다 씨앗이 하나씩 들어 있다. 화분을 잘 돌봐서 가장 멋지고 건강한 식물을 키운 사람에게 왕위를 물려주겠노라. 내가 넉 달 뒤에 화분을 살펴볼 것이다."

 준은 화분을 집에 가져가 햇빛이 잘 드는 곳에 놓고 매일 물을 주며 다정하게 말을 걸었다. 하지만 시간이 지나도 싹이 트지 않았다. 흙 위로 초록 잎사귀 하나 돋아나지 않았다. 준이 넉 달 동안 정성껏 돌봤지만 아무런 변화도 없었다. 마침내 황제를 다시 만날 날이 왔다.

 준은 화분을 들고 궁전으로 가서 아이들 무리에 합류했다. 그런데 다른 아이들의 화분에는 크고 싱싱하게 자란 줄기와 잎이 보였다. 화분마다 푸르른 식물이 빛을 발하고 있었다. 황제가 다가와 풍성한 화분을 다 살핀 후 아이들에게 말했다.

"내가 익힌 씨앗을 심었으니 싹이 돋을 리 없다. 한데 보아라, 빈 화분이 하나밖에 없구나. 너희는 분명히 내가 준 씨앗을 새로운 씨앗으로 바꿔 심고서 이 황제를 속이려 했다. 하지만 준은 정직하고 용감하게 빈 화분을 들고 왔다. 이제 준이 너희의 새로운 황제가 될 것이다."[24]

―

공허가 아무리 신비롭고 초월적이라 해도, 그 공허를 견디기는 쉽지 않습니다. 누구나 충만함과 완성과 성공을 갈망합니다. 실패가 아무리 진실하고 솔직하다 해도, 그 실패를 받아들이기는 쉽지 않습니다. 자신의 공허와 부족을 남들에게 드러내기도 쉽지 않습니다. 하지만 가진 게 실패와 공허뿐이라면, 그것을 받아들이고 내보이는 수밖에 없습니다. 뭐가 됐든 공허를 품위 있게 감당하며 살아야 합니다.

공백과 도전을 견딜 줄 알아야 합니다. 이는 삶의 기본 규칙입니다. 아이들은 빈 화분을 들고 황제에게 가야 하는 상황을 견딜 수 없었기에 화분에 새로운 씨앗을 심었습니다. 때로는 실패를 변명하거나 감추려 애쓰는 대신, 겸허히 받아들이고 견뎌내야 합니다. 공허를 마주하는 데서도 그 나름의 의미와 보상이 따릅니다.

신기하게도, 공허는 당신이 어떤 사람인지 정의하고 당신의 삶을 완성하는 데 기여합니다. 하지만 다들 공백과 결핍을 피하느라 에너지를 소모합니다. 그런 회피가 오히려 삶의 본질을 놓치게 합니다.

고대 중국의 빈 화분 이야기는 삶이 우리에게 안겨준 불완전함을 받아들이라고 가르칩니다. 그걸 부정하거나 외면한다면 그 순간 자존감은 높아질지 모르나, 결국 자기 삶을 온전히 주도하며 얻는 참된 보람을 잃습니다. 자기 삶의 황제가 되려면 때때로 찾아오는 공허를 존중하고 받아들일 줄 알아야 합니다.

식물이 자라는 화분의 이미지는 성장의 개념도 떠올리게 합니다. 우리는 삶이 성장하는 모습을 보고 싶습니다. 물과 햇빛과 충분한 보살핌만 있으면 쑥쑥 자라는 식물처럼 우리 삶도 무럭무럭 성장하길 바랍니다. 하지만 성장만이 유일한 가치일까요? 어쩌면 잠재력 가운데 일부는 실현되지 않는 것도 중요할지 모릅니다. 때로는 막다른 길과 놓쳐버린 기회가 필요할지도 모릅니다. 그것들 역시 우리 삶을 완성하는 데 중요한 부분일 수 있습니다.

발달과 성숙은 우리가 생각하는 절대적 가치가 아닐지도 모릅니다. 제임스 힐먼은 인간 발달이라는 개념 뒤엔 모성 판타지가 자리 잡고 있다고 말했습니다. 우리는 어린아이처럼 끊임없는 성장을 기대하고, 제대로 발전하지 못한다고 느끼면 실망하거나 불안해합니다. 하지만 힐먼은 우리는 나무가 아니라 인간이라고 말했습니다. 인간의 삶에는 발전과 성장 외에 또 다른 소중한 판타지가 존재할지도 모릅니다. 예술가들과 과학자들의 삶을 떠올려 보세요. 그들은 종종 창작의 정체기나 극복하기 힘든 장애물에 부덮히지만, 그런 침체의 순간이 새로운 아이디어를 불러일으키거나 적어도 그들의 삶 전반에서 중요한 부분으로 작용합니다.

'빈 화분' 이야기에서 황제는 통찰력이 뛰어난 인물입니다. 규칙을 따르고 성공하는 것이 반드시 훌륭한 지도자의 자질을 의미하지는 않는다는 사실을 알지요. 황제는 성장하지 못하거나 성공하지 못하는 상황까지 염두에 두어야 합니다. 이 이야기를 더 깊이 들여다보면, 삶에서 성공하려면 성장과 성공뿐만 아니라 정체와 실패도 함께 품어야 한다는 사실을 알 수 있습니다.

삶을 바라보는 관점에 다양한 형태의 공허를 포함해야 합니다. 그게 더 지혜로운 태도입니다. 빈 화분을 보살피며, 그 안에 아무것도 없다는 사실을 부끄러워하지 마세요. 성장하지 않는 순간조차도 그 나름의 의미가 있습니다. 누군가가 "요즘 어떻게 지내?"라고 물으면, "별일 없어"라고 답할 수도 있습니다. 공허를 담담히 인정하는 태도야말로 복잡한 일상을 성숙하게 살아가는 데 도움을 줍니다. 자신의 성공, 즉 무성한 잎사귀를 굳이 드러내려 하지 않을 때, 우리는 화려한 성공을 증명해야 한다는 압박에서 벗어날 수 있습니다.

망각

나는 물이 되어

  내가 신기루임을 알았네.

바다가 되어

  내가 거품 한 점임을 알았네.

깨달음을 얻고 나니

  모든 게 망각임을 알았네.

깨어나 보니

  나는 여전히 잠들어 있더라.[25]

비나비 바다흐샤니 *

....

* Binavi Badakhshâni, 13세기 아프가니스탄의 시인.

아프가니스탄 수피교도 비나비 바다흐샤니의 이 시는 공허를, 즉 존재에서 미끄러져 나가는 공허를 그리고 있습니다. 무언가를 붙잡았다고 느끼는 순간, 그것은 스르르 빠져나가거나 정 반대의 모습으로 변해버립니다. 자신이 신기루라는 사실을 깨닫는다니, 이보다 놀라운 발견이 또 있을까요? 물에 비친 자기 모습에 매료된 나르시스의 신화와 달리, 당신은 자신의 모습을 바라볼 때 아무것도 못 볼지도 모릅니다.

그렇다면 자아란 신기루일까요? 개인으로 존재한다는 감각은 단지 환상에 불과하며, 성찰하는 순간 사라져 버리는 덧없는 깨달음일까요? 아니면 우리가 개별적 존재라는 감각 자체가 사실은 그리 중요하지 않은 걸까요? 어쩌면 이 세상에서 우리의 목적은 독립된 개체로 돋보이는 것이 아니라, 인류 공동체에 기여하는 데 있지 않을까요?

한평생 살아가면서 우리는 삶 전체와 그 안에서 자신의

위치를 넓은 시야로 바라봅니다. 하지만 이 시는 그렇게 거창한 비전조차 결국 바다 위에 떠다니는 작은 거품처럼 사라진다고 말합니다. 크고 위대한 삶을 꿈꾸는 것도 중요하지만, 그와 동시에 자신이 하찮은 존재에 불과하다는 사실을 인정할 때 진정한 균형을 찾을 수 있습니다. 연금술사들은 "가장 크면서도 가장 작다"라는 표현을 썼습니다. 겉으로는 모순처럼 보이지만, 사실 이 말은 균형의 중요성을 가리킵니다. 시소처럼 양쪽이 균형을 이뤄야 삶이 더욱 흥미로워진다는 뜻이지요.

깨달음을 얻는 순간, 끝없이 흐르는 시간 속에서 그 깨달음을 잊어버린다는 사실을 알게 됩니다. 자각만큼이나 망각도 우리에게는 필요합니다. 새로운 깨달음은 우리가 지닌 지식과 우리가 되어온 모습 속, 그 혼란스러운 토대에 자연스럽게 녹아들어야 하기 때문입니다. 시인 에밀리 디킨슨Emily Dickinson은 이렇게 묻습니다.

"무언가가 우리 마음에서 스쳐 지나갈 때, 그것은 망각일까 아니면 흡수일까?"[26]

고대 그리스인들은 망각의 강인 레테강을 신성하게 여겼습니다. 영혼이 하데스로 가는 도중에 이 강을 건너며 과거의 삶을 잊고 새로운 삶을 준비한다고 믿었지요. 이 이야기는 단순한 사후 세계의 묘사가 아니라, 삶에서 반복되는 어떤 패턴을 가리키는지도 모릅니다. 기억과 망각을 반복하면서 무언가를 깨달았다가도 그 깨달음을 놓쳐버리는 리듬 같은 것이죠. 완전히 잊어버리며 살아가는 삶도 괜찮을지 모릅니다. 우리가 잊더라도, 삶의 근원이 모두 기억할 테니까요.

자각은 으레 망각 속으로 사라지지만, 바로 그 망각 덕분에 다시 떠오를 수 있습니다. 자각의 물결이 지나가면 망각의 물결이 이어지는 이 순환이야말로 상상력을 더욱 유연하고 생동감 있게 만듭니다. 우리는 자각에 집착하지 않습니다. 집착하는 순간, 흐름과 리듬이 멈추기 때문입니다. 자각의 순간을 온전히 누리고, 그 후에는 잊어버립니다.

오랜 시간 무의식과 무감각 속에 있다가 마침내 깨어나더라도, 그것이 기대했던 성취가 아니었음을 깨닫기는 쉽지 않습니다. 깨어남은 분명 추구할 가치가 있는 목표지만, 그것이 결국 더 깊은 잠으로 이어질 수 있다는 사실을 모른다면 길을 잃고 맙니다. 부처는 깨달은 자 Awakened One 일 뿐만 아니라, 손에 머리를 기대고 누워 있는 존재, 즉 잠든 자 Sleeping One 이기도 합니다.

우리는 흔히 깨달은 자로서의 부처를 떠올리지만, 잠든 부처의 모습도 많이 찾아볼 수 있습니다. 흔히 와불臥佛 또는 열반에 든 부처라고 불리지요. 예수 또한 잠든 모습으로 종종 묘사됩니다. 폭풍우 속에서 제자들과 함께 배에 타고 있을 때 깊이 잠들어 있었지만, 불안에 휩싸인 제자들이 깨우자 예수는 바람과 파도를 잠재웁니다. 참된 영적 스승은 언제 깨어 있어야 하고, 언제 잠들어야 하는지 알고 있습니다.

폭풍에 요동치는 배에서 잠든 예수의 이야기는 일상의 폭풍 속에서도 평온과 휴식을 기본 태도로 삼아야 한다는 교훈을 줍니다. 필요할 때 깨어나 폭풍을 잠재울 수 있지만, 우리의 기본 상태는 어디에서나 잠들어 있듯 평온해야 합니다. 우리는 흔히 자각과 깨어남에 대해 말하지만, '잠든 상태'를 삶의 한 방식으로 받아들이는 태도에 대해서는 충분히 논의하지 않습니다.

사람들은 대체로 의식과 의식적으로 살아가는 삶에 관심이 많습니다. 심지어 꿈을 자각하고, 자각몽을 통해 꿈의 결과를 스스로 조종하고 싶어 하기도 합니다. 그들은 의식을 위대한 성취로 여깁니다.

하지만 '의식적'이라는 말이 최선의 표현은 아닐지도 모릅니다. 어쩌면 우리는 밤에 잠들어 있을 때처럼 낮에도 무의식적으로 살아야 할지도 모릅니다. 사람들은 가끔 심리치료사를 찾아가 자신을 이해하면 삶이 더 편해질 거라고 기대합니다. 하지만 이해한다고 해서 기대했던 변화가 반드시 찾아오진 않는다는 사실을 곧 깨닫게 됩니다. 자신에게 고통을 주는 행동을 왜 하는지 이유를 알면서도, 정작 그 행동을 멈추지 못하는 경우가 많기 때문입니다.

자각과 의식이 아니라, 깨어 있음과 잠들어 있음의 중간 상태 혹은 그 둘을 결합한 접근법이 필요할지도 모릅니다.

바로 이 지점에서 상상력과 이미지가 중요한 역할을 수행합니다. 당신의 이야기를 진심으로 들어줄 사람을 찾을 수 있다면, 상황을 설명해 주는 사람보다 더 큰 위로와 도움을 얻을 것입니다.

잠은 대부분 꿈으로 이루어져 있습니다. 삶에서 펼쳐지는 드라마를 제대로 이해하도록 돕는 것도 바로 그 꿈입니다. 그러니 더 분석적으로 접근하기보다는 오히려 약간은 몽환적인 상태로 살아갈 필요가 있을지도 모릅니다. 깨어 있고 의식적으로 삶을 통제하려 애쓰기보다는 꿈꾸는 듯 산다면, 더욱 여유롭고 즐거운 삶이 펼쳐지지 않을까요.

마침내 우리는 깨어납니다. 부처처럼 깨달은 자가 되고, 예수처럼 무덤에서 일어나 부활합니다. 하지만 이전과 마찬가지로, 여전히 잠들어 있음을 깨닫게 됩니다. 깨어남과 잠은 좋은 삶의 리듬 속에서 끊임없이 반복됩니다. 우리는 잠들어 있다는 사실을 깨달아야만 일어나서 깨달은 존재가 될 수 있습니다. 그리고 계속 일어나야만 다시 무의식의 잠 속으로 빠져들 수 있습니다.

삶 전체는 마치 평범한 하루와 같습니다. 깨어나고 잠들고, 다시 잠들었다가 또 깨어나는 끝없는 순환입니다.

떠나고 없어도

어느 여름날 찾아갔으나 스승은 어디론가 떠나고 없었다.

다만 연꽃 한 송이

화병에 꽂혀

암자의 수호자처럼

그 향기로

방 안을 가득 채우고 있었다.[27]

테이신*

....

* 貞信, 일본 헤이안 시대의 승려이자 여류 시인.

일본의 유명한 선(禪) 시인이자 서예가인 료칸은 68세 때 자신보다 마흔 살이나 어린 선 비구니 테이신을 만나 친구가 되었고, 시를 주고받으며 창조적 대화를 나누었습니다.

어느 날 테이신이 스승을 찾아갔으나 암자는 비어 있습니다. 다만 꽃 한 송이가 화병에 꽂혀 있고 은은한 향기가 방 안을 가득 채우고 있습니다. 이 순간은 마치 복음서에서 예수의 제자들이 십자가 처형 후 그의 무덤을 찾아갔으나 텅 빈 상태를 발견한 장면 같습니다. 여기서도 스승은 떠나고 없지만, 보이지 않으나 분명히 느낄 수 있는 무언가로 방 안이 가득 차 있습니다. 눈으로 보면 방은 비어 있지만, 코로는 분명히 무언가가 느껴집니다. 어떤 것들은 겉보기엔 비어 있어도 다른 관점에서 보면 오히려 가득 차 있습니다.

어느 해, 우리 가족은 좀 더 단출한 삶을 위해 뉴잉글랜드의 작은 호숫가 집으로 이사하기로 했습니다. 여러 집을 꼼꼼히 살펴본 아내와 딸이 마음에 든 몇 곳을 내게 보여 주었습니다. 그러더니 뭔가 아쉬운 듯 한 집을 더 보여주며 말했습니다.

"가능성이 없는 집이 하나 더 있긴 한데, 무슨 공사 현장처럼 외벽이 플라스틱 패널로 덮여 있고 난간도 덧대어져 있어요."

미심쩍긴 했지만 어쨌든 그 집을 보러 갔습니다. 그런데 몇 가지 외관상 손질만 필요할 뿐, 아름다운 환경 속에 자리 잡은 튼튼한 집이 한눈에 들어왔습니다. 우리는 결국 그 집을 사서 정원을 가꾸고 건물도 조금 손보았습니다. 그러자 집의 진가가 드러났고, 우리는 오랜 시간 이곳에서 행복하게 지내고 있습니다.

그 집은 완성을 기다리며 비어 있었습니다. 모름지기 보이지 않는 측면을 볼 줄 알아야 합니다. 스승은 집에 없으나 그가 남긴 꽃향기가 집안을 가득 채우듯, 나도 그 집을 처음 보았을 때 그런 향기를 맡았습니다.

이 이야기는 삶에 대한 은유입니다. 공허는 때때로 삶의 강렬함과 기쁨을 더 깊이 경험하도록 이끌어 줍니다. 새로운 일을 시작하면 처음엔 무의미하게 느껴질 수 있습니다. 그러나 시간이 지나면서 그 안에 숨겨진 가치를 발견하지요. 눈에 보이는 것이 전부는 아닙니다. 때로는 직관과 기억, 예지력과 상상력이 더 많은 것을 알려줍니다.

이 시는 텅 비어 있다고 느끼는 바로 그 순간이야말로 '코'를 사용해 보이지 않는 무언가의 향기를 찾아낼 때라는 사실을 알려줍니다. 그러니 남들이 보지 못하는 것을 찾고 눈에 보이지 않는 것들에 관심을 기울이세요.

꼭 완벽하게 공허하지 않아도 됩니다. 거의 비어 있는 상태도 괜찮습니다. 겉으론 공허해 보이지만 실제론 그렇지 않을 수도 있습니다. 공허를 발견했다면, 그 자리에 머물러 탐색하고 여러 가능성을 살펴보라는 신호로 받아들이세요. 아무도 집에 없다면 꽃향기를 맡으며 잠시 머물러도 좋습니다.

나는 이탈리아 시에나 대성당에 있는 '헤르메스 트리스메기스투스$^{Hermes\ Trismegistus}$'의 태피스트리를 꼭 보고 싶었습니다. '세 배로 위대한 헤르메스'라는 뜻의 헤르메스 트리스메기스투스는 복제품은 많지만 원본은 희귀한 그림입니다. 내 평생 시에나를 몇 번이나 방문할 수 있을까 싶어서 기회가 온다면 무슨 일이 있어도 그 태피스트리를 보겠다고 마음먹었습니다. 그런데 막상 가보니, 햇빛에 의한 탈색을 방지하기 위해 가려져 있었습니다. 볼 수 있는 방법이 전혀 없었지요.

하지만 대성당을 찾아간 덕분에, 광장 맞은편에서 대단히 독창적인 지하 박물관을 발견했습니다. 그곳은 내가 대성당에서 엿보고자 했던 미스터리를 훨씬 더 강렬하게 보여주었습니다. 이처럼 누군가가 나타나지 않거나, 가려던 곳이 닫혀 있을 때가 오히려 기회일 수 있습니다. 그럴 땐 감각을 열고 주변을 살펴보세요. 예상치 못한 방식으로 소망이 이루어질지도 모릅니다.

썩어가는 대나무

치요노는 오랫동안 선^禪을 공부하고 수련했지만 좀처럼 깨달음을 얻지 못했다. 보름달이 환하게 뜬 어느 날 밤, 치요노는 대나무로 엮은 낡은 물통으로 물을 나르고 있었다. 그런데 갑자기 대나무 테가 부러지면서 물통 밑이 빠져버렸다. 바로 그 순간, 치요노는 크게 깨닫고 자유로워졌다.

그 순간을 기념하고자 시를 한 수 지었다.

대나무가 썩어가니

물동이가 곧 깨질 것 같아서

이렇게 저렇게 애써 보았지만,

끝내 밑이 빠지고 말았네.

이제는 통 안에 물도 없고,

그 물에 비치던 달도 사라졌다네.[28]

우리 삶에는 이미 제 역할을 다했지만 여전히 붙잡고 있는 것들이 많습니다. 옷장 속의 낡고 해진 셔츠나 구멍 난 신발처럼, 어떤 것들은 별로 대수롭지 않습니다. 하지만 의미를 잃은 직업이나 식어버린 관계처럼, 어떤 것들은 우리 삶에 치명적인 영향을 미칩니다. 그런데도 우리는 계속 붙들고 있으면서, 그것들이 삶의 흐름을 막고 있다는 사실조차 깨닫지 못합니다.

 낡은 옷들을 정리해 보세요. 마음이 한결 가벼워질 것입니다. 더는 성장할 수 없는 직업을 내려놓으세요. 걸음걸이에 다시 탄력이 붙을 것입니다.

 이 이야기 속 비구니는 단순히 헐거워진 물동이만 들고 있지 않았습니다. 그 안의 물과 그 물에 비친 달빛까지 함께 짊어지고 있었지요. 너무나도 버거운 짐입니다. 삶의 더 큰 문제들도 다르지 않습니다. 더는 온전하지 않은 것들을 붙들고 있을수록, 마치 두 손으로 온 세상을 떠받치는 듯한 엄청난 무게가 느껴집니다. 하지만 허물어져 가는 것을 내려놓는 순간, 예상치 못한 또 다른 거대한 짐도 함께 사라질 것입니다.

선불교 정신은 더는 노력할 가치가 없는 것들을 놓아버리는 데 있습니다. 때로는 새로운 스승이나 공동체나 책을 더할 게 아니라 오히려 생기를 잃어버린 것들을 내려놓아야 합니다. 그런데 내려놓기가 붙들고 있기보다 어려울 때가 있습니다. 우리는 잃는 것보다 갖는 것이 더 중요하다고 생각하기에 뭐든 쉽게 놓지 못합니다.

귀하고 소중한 것들도 결국 낡고 닳기 마련입니다. 오랫동안 살아온 집조차 더는 적절하지 않거나 의미가 없어지기도 합니다. 그렇다면 놓아주세요. 삶이 자연스럽게 흘러가도록 맡기세요. 식습관도 이제는 건강에 맞지 않을 수 있습니다. 다 내려놓고 새로운 방식을 시도해 보세요. 지금껏 휴일과 여가를 즐기던 방식도 한계에 다다랐을지 모릅니다. 이제는 새로운 길을 찾아 나설 때입니다. 더 붙들고 있을 필요가 없습니다. 미련 없이 놓아주세요. 썩어가는 대나무처럼 낡고 쓸모없어진 것들을 주의 깊게 살펴보세요.

우리의 습관에는 더 깊은 의미가 담겨 있을지도 모릅니다. 어릴 때부터 가족이 해오던 방식이라 익숙해서 계속할 수도 있습니다. 그렇게 반복하다 보면 고질적인 습관이 되기도 합니다. 특정한 반복은 삶이 아닌 죽음의 본능을 반영한다고 프로이트가 말했죠. 우리도 그 습관 속에서 서서히 스며드는 정체와 쇠퇴를 느낄지도 모릅니다. 이제는 다 놓아주고 삶이 자연스럽게 흐를 수 있도록 해주세요.

우리의 생각과 신념도 어느새 낡고 해졌을지 모릅니다. 그렇다면 이젠 놓아줄 때입니다. 좋은 생각은 살아 숨 쉬며 자라고 변화합니다. 하지만 너무 오래 붙잡고 있으면, 마치 달을 이고 가는 것과 같지요. 그 생각이 서서히 썩어가는 모습을 지켜보다 때가 되면 조용히 스러지게 하세요. 밑이 빠질 때까지 기다릴 필요는 없습니다. 미련 없이 놓아주세요.

모르는 줄 알기

✦

　배운 내용을 다 잊고 나서야 비로소 진정한 앎이 시작된다. 유식한 사람의 설명을 바탕으로 자연의 어떤 대상에 접근하려 드는 한, 나는 그것에 한 치도 가까워질 수 없다. 뭔가를 온전히 이해하려면 매번 처음 보는 대상처럼 새롭게 마주해야 한다.[29]

헨리 데이비드 소로

―

　오랜 세월 쌓아온 지식 가운데 상당 부분을 잊어버리면 오히려 좋은 때가 있습니다. 어떤 것은 시대에 뒤떨어졌고, 어떤 것은 틀렸으며, 또 어떤 것은 너무 뻔하고 진부하거든요. 사물을 새롭게 바라보려면 마치 처음 보는 듯한 '초심자의 마음'으로 접근해야 합니다. 그러면 익숙한 것도 다시금 '낯설게' 다가올 수 있습니다.

오래전 지식이 마냥 좋지만은 않다는 주장을 접할 때마다, 반지성주의 아닌가 하는 의문이 들었습니다. 하지만 내가 존경하는 뛰어난 사상가들의 글에서 이 개념이 반복해서 등장하더군요. 나는 독서와 학문을 즐겼고, 그들 역시 그러했다는 사실을 알고 있었습니다. 그렇다면 왜 그들은 지식에 대해 그토록 부정적으로 말했을까요? 시인 데이비드 힌턴David Hinton은 노자의 《도덕경》 71장을 다음과 같이 번역했습니다.

모르는 줄 아는 것은 고귀하다.
모르는 줄 모르는 것은 고통스럽다.[30]

이 멋진 번역문을 내가 이해한 대로 살펴봅시다. 만약 모든 것을 알 수는 없다거나 그 어떤 것이라도 완전히 알 수는 없다는 사실의 중요성을 깨닫는다면, 이미 한 걸음

앞서 있는 사람입니다. 그거야말로 가장 중요한 깨달음입니다. 반대로, 그 중요성을 이해하지 못한다면 결국 어려움을 겪게 될 것입니다. 삶을 다 알고 있다는 위험한 착각에 빠질 테니까요. 그렇게 되면 정말 중요한 미스터리마저 사라지고 당신은 세상만사를 꿰뚫고 있는 듯 자만할 것입니다. 하지만 그것은 자신의 무지를 감추려는 방어책에 불과합니다. 지혜로 가는 첫걸음은 자신이 모른다는 사실, 즉 근본적 무지를 인정하는 것입니다.

스즈키 순류 선사가 말한 '초심자의 마음'이라는 표현을 깊이 탐구해 봅시다. 우리는 언제든 자신을 초심자 입장에 놓을 수 있고, 때로는 그 상태로 되돌아가기도 합니다. 핵심은 배우는 자세를 계속 유지하는 것입니다. 모르는 것이 있음을 인정하고 열린 마음으로 배워야 진정한 학습과 성장이 이루어집니다. 사실 우리는 어떤 상황에서든 이러한 태도를 취할 수 있습니다. 자신이 무엇을 얼마나 모르는지 깨닫고 받아들이는 것이야말로 지혜로 가는 지름길입니다. 그 과정에서 자존심에 상처를 입을 수도 있지만, 언제나 성장에 도움이 되는 일입니다.

배움에 매진하면서도 '잘 모른다는 자세'를 갖추면, 삶에서 설명할 수 없는 깊고 신비로운 부분을 수용할 수 있습니다. 세상에는 우리가 이해할 수 없는 신비가 분명 존재하며 그래서 더욱 경이롭습니다. 그리고 세상만사를 다 알 수 없음을 깨닫는 순간, 우리는 더욱 정직하고 겸손해집니다. 그게 바로 종교적 혹은 영적인 태도의 기본이며 그런 태도가 우리를 더 인간답게 만듭니다. 진정으로 지혜로운 사람은 모든 것을 알 필요가 없다는 사실이 얼마나 중요한지 압니다.

나는 가끔 강연이나 인터뷰를 하면서, 정작 내가 전혀 모르는 내용을 말하고 있음을 깨달을 때가 있습니다. 그런 경우는 흔히 주제 자체가 원래부터 명확히 알 수 없는 영역입니다. 예를 들면 나는 가끔 영혼에 대해 말하지만, 수년을 공부하고도 여전히 영혼이 무엇인지 잘 모릅니다. 사람들이 신에 대해 질문하면 나는 어김없이 당황합니다.

일부 강사들과 지도자들의 문제는 자기가 무슨 말을 하

는지 모르는 게 아니라, 자신이 모른다는 사실조차 모르는 것입니다. 자신이 제대로 이해하지도 못한 말을 태연하게 늘어놓습니다. 정작 본인은 이해했다고 생각하거나 적어도 그렇게 보이려 애씁니다.

무지를 인정하고 선입견을 버리려 노력한다면 이런 문제를 해결할 수 있습니다. 소로는 다음과 같은 방법을 제안합니다. 일단, 자신이 알고 있다는 생각을 내려놓으라. 다음으로, 권위에 의존하지 말고 대상 자체와 직접 마주하라. 마지막으로, 단순히 아는 데서 그치지 말고 '온전히 이해하는 것'을 목표로 삼으라.

내가 가끔 말하듯이, 영혼에서 비롯된 지식은 연구와 학습으로 얻은 지식보다 더 깊고 친밀합니다. 두 가지 방식 모두 소중하지만, 소로는 우리가 쉽게 간과하는 또 하나의 접근법을 상기해 줍니다. 즉, 연구하는 대상과 진심으로 함께하는 태도입니다.

가끔 심리치료에 대해 강연하는 교수들의 말을 듣는데, 정작 그들은 실제로 심리치료를 해본 적이 없는 경우가 많습니다. 40년 동안 심리치료를 해온 나는 그들의 강연에서 실천과 이론 사이의 깊은 간극을 느낍니다. 무언가를 직접 경험해야만 그것에 대해 말할 수 있다고 주장하는 것은 아닙니다. 때로는 적당히 거리를 두는 편이 더 유익할 수도 있습니다. 하지만 이미 알고 있는 정보를 잠시 내려놓고, 탐구하는 대상과 온전히 마주할 때만 얻을 수 있는 공허 또한 분명히 존재합니다.

잃어버린 사발

✦

 중국의 한 소년이 어머니와 이모들을 따라 산중에 있는 사찰을 방문했다. 소년은 의식에 참여하며 스님과 비구니들에 대해 온갖 질문을 던졌다. 그 모습을 기특하게 여긴 한 스님이 소년에게 예쁜 푸른색 사발을 건넸다. 소년은 그 사발을 무척 소중히 여기며, 떠나기 전날 밤 머리맡에 두고 잠들었다.

 다음 날 아침 소년은 가족과 함께 집으로 돌아가는 배를 타려고 바삐 움직였다. 그 바람에 사발을 깜빡 잊고 말았다. 배에 올라탄 후에야 사발이 없다는 사실을 깨달은 소년은 떠나려 하지 않았다. 결국 일꾼이 서둘러 산에 뛰어 올라가면서 출발이 크게 지연되었다. 그는 마침내 사발을 가져와 소년에게 주었다. 하지만 소년은 배 가장자리에서 사발을 가지고 놀다가 실수로 떨어뜨리고 말았다. 사발이 물

위로 둥둥 떠내려가는 모습을 그저 바라볼 수밖에 없었다. 소년이 또 떼를 쓰자, 어머니는 맛있는 음식을 주면서 잊어버리라고 말했다.

"그런 일은 앞으로도 드물지 않게 일어난단다."

훗날, 어른이 된 소년은 이렇게 말했다.

"돌이켜보면, 어머니 말씀이 불길한 예언처럼 느껴집니다. 살아오면서 그런 일은 결코 드물지 않았어요. 그 사발보다 훨씬 더 소중한 물건도 잃고 사람도 잃었습니다. 부서지거나 깨져서 다시는 되돌릴 수 없었지요. 그때 물 위로 둥둥 떠내려가던 사발과 함께 사라진 것은 바로 내 어린 시절이었습니다."[31]

무신*

....
* 木心, 1927~2011, 중국 출신의 작가이자 화가.

 우리는 살아가면서 수많은 상실을 경험합니다. 부모나 조부모의 죽음에서부터 결혼 생활의 파탄, 건강을 잃는 순간까지, 삶은 크고 작은 이별로 가득 차 있습니다. 어린 시절 푸른 사발을 잃어버린 애절한 기억은, 상실이 단지 아픔만 주는 게 아니라 삶의 가치를 더 깊이 깨닫게 해준다는 사실을 일깨웁니다. 나 역시 부모님과 함께 따뜻하고 즐거운 대화를 나눌 수 있다면 좋겠다고 바랄 때가 많습니다. 하지만 두 분을 그리워하는 마음은 오히려 삶의 소중함을 일깨우고, 가족과 친구들에게 더 잘해야 한다는 사실을 상기해 줍니다.

 어린 시절 여행에서 잃어버린 사발처럼, 사소해 보이는 순간이 사실은 인생을 압축한 단서일지도 모릅니다. 스쳐 지나가는 경험을 되돌아보세요. 마치 프랙털fractals(임의의 한 부분이 전체 형태와 닮은 도형. 또는 그런 도형이 계속 반복되는 구조. 쉽게 말해, 어떤 부분을 확대해도 전체와 비슷한 형태를 유지하는 패턴을 말한다.-옮긴이)처럼 작은 사건 속에 인생의 커다란 비밀을 축소한 형태로 품고 있습니다.

무신의 이 이야기에서 소년은 처음에는 사발을 되찾기 위해 부단히 노력하며, 얼른 집에 가고 싶어 하는 사람들을 붙잡습니다. 출발이 지연되고 사발은 다시 돌아오지만 결국 배 밖으로 떨어져 영영 떠내려가고 맙니다. 두 번의 상실, 두 배의 공허입니다.

우리는 당장 중요해 보이는 것들, 가령 직장이나 관계, 집, 중요한 아이디어를 어떻게든 붙잡으려고 애씁니다. 하지만 결국 그것들을 잃고 상실감에 크게 동요합니다. 그리고 시간이 흐른 뒤에야 그 상실의 진정한 의미를 깨닫습니다. 그러나 그렇게 얻은 소중한 깨달음조차도 결국 다시 잃고 맙니다.

그리스인들은 헤르메스를 '도둑 신'이라고 불렀습니다. 헤르메스는 삶에서 무언가를 빼앗아 가는 존재입니다. 인생이 언제나 우리에게 베풀기만 하지는 않습니다. 오히려 우리에게 중요해 보이는 것들을 잃게 합니다. 만약 아무것도 잃지 않는다면 우리는 앞으로 나아갈 수 없습니다. 삶이란 결국 끊임없는 변화, 이득과 손실의 연속이기 때문이지요. 존재의 기쁨과 상실의 고통, 우리는 이 두 감정의 파도를 타고 나아갑니다. 고통스러운 상실을 초래하는 도둑신 헤르메스는 인간에게 좋은 삶을 선사하는 자비로운 신이기도 합니다.

이것은 한 소년의 이야기지만, 어른이 되어가는 과정에서 겪는 통과 의례와도 같습니다. 소년은 상실에 관한 이 교훈을 배워야만 합니다. 어른이 된 후에도 수시로 마주할 인생의 진실이기 때문입니다. 이 교훈은 단순한 물건의 상실이 아니라 순수함을 잃는 과정과도 연결됩니다. 삶이 언제나 긍정적이고 베풀기만 한다는 믿음이 깨지는 순간이기 때문입니다.

삶은 순탄하게만 흘러가지 않습니다. 언젠가 우리는 이해하기도, 견디기도 어려운 상실을 마주하게 됩니다. 살아가면서 누구나 배워야 할 기본적 교훈이 있습니다. 아무리 애써도 상실을 피할 수 없으며, 일어날 일은 결국 일어나고 만다는 사실이지요. 그러나 시간이 지나면서 우리는 상실을 받아들이고 더 나아가 존중하게 될지도 모릅니다. 상실은 고통을 가져오지만, 결국 우리는 삶의 거대한 흐름 속에서 상실이 차지하는 자리를 깨닫게 될 것입니다.

소년이 받은 사발은 푸른색이었습니다. 태양이 머무는 하늘색이었을까요. "You Are My Sunshine"이라는 노래에는 '제발 내 태양을 빼앗아 가지 마세요$^{\text{Please don't take my sunshine away}}$'라는 가사가 나옵니다. 존 업다이크$^{\text{John Updike}}$는 한 소년이 놀이공원에서 순수함을 잃어버리는 이야기를 애잔한 단편소설로 남겼습니다.[32] 놀이공원 부스에서 일하는 한 남자가 아이를 속여 동전을 몇 개 빼앗습니다. 배신의 순간, 배경음악으로 이 노래가 흘러나옵니다. 우리의 이야기에서 소년은 되찾은 사발을 다시 잃어버립니다. 맑은 하늘처럼 순수했던 그 푸른빛은 이제는 소년의 것이 아닙니다. 그는 성장해야 하고, 꾸밈없는 순수함이 주는 기쁨도 함께 잃어야만 합니다.

하지만 우리 안에는 언제나 어린 소년과 소녀가 살아 있습니다. 그리고 우리는 평생토록 또 다른 순수함의 조각을 잃어버립니다. 우리는 언제나 성장하고, 언제나 또 다른 푸른 사발과 맑고 푸른 하늘과 유일한 태양을 잃어버립니다. 가벼운 순수와 무거운 상실이 교차하는, 피할 수 없는 삶의 리듬. 그것이 바로 인생의 본질입니다. 삶은 채워지기보다는 더 많이 비워집니다.

배에는 아무도 없다

✦

어렸을 적 일요일이면 할아버지와 함께 노 젓는 작은 배를 타고 미시간의 작은 호수로 나갔습니다. 그렇게 할아버지와 나는 단둘이 낚시를 하거나 물살을 즐겼지요. 네 살 때, 우리는 디트로이트 북쪽에 있는 더 넓은 세인트 클레어 호수로 나갔습니다. 그 호숫가에 고모 부부가 집을 짓고 살았거든요.

우리는 물가에서 50미터쯤 떨어진 깊은 곳에 떠 있었습니다. 그날따라 바람이 세게 불어 물살이 거칠었습니다. 배가 몹시 흔들린다 싶었는데, 갑자기 차가운 물이 다리 위로 스며들더니 다음 순간, 배가 뒤집혔습니다. 쿠션과 바구니, 휘발유 통이 물 위에 둥둥 떠다녔습니다. 숨을 헐떡이며 허우적거리는데, 이내 할아버지의 억센 두 팔이 나를 붙들어 뒤집힌 배 위로 밀어 올리는 느낌이 들었습니다. 의식을 잃어가는 와중에 멀리 고모네 집 앞 시멘트 선착장에서 고모부가 우리를 구하려고 물속으로 뛰어드는 모습이 아련하게 보였습니다.

눈을 떴더니 낯선 침대에 누워 있더군요. 침대가 어찌나 큰지 거인의 침대처럼 느껴졌고, 팽팽히 당겨진 시트와 담요가 내 어깨를 꼭 감싸고 있었습니다. 어딘가에서 누군가가 '장의사'라고 속삭이는 소리가 들렸습니다. 그 순간, 내가 죽었나 보다고 생각했죠. 하지만 숨을 거둔 사람은 할아버지였습니다.

이 충격적인 경험으로 나는 용기와 이타심의 진정한 의미를 배웠습니다. 그리고 30년이 흐른 뒤, 깊은 내면을 마주하는 과정에서 비로소 감사의 눈물을 흘릴 수 있었습니다. 할아버지가 보여준 너그러운 사랑과 희생의 의미가 가슴 깊이 와닿는 순간이었습니다. 또한 나는 아버지와 할아

버지가 된다는 것, '따뜻한 마음을 지닌 남자'로 산다는 것이 무엇인지 깨달았습니다. 나는 남성 전체를 쉽게 일반화해 비판하지 않습니다. 진정한 남성성을 지닌 사람이 얼마나 훌륭하고, 어떤 위대한 일을 해낼 수 있는지 직접 목격했기 때문입니다.

차가운 호숫물에 둥둥 떠 있던 통조림과 쿠션이 지금도 눈앞에 어른거립니다. 어쩌다 수영을 하거나 작은 배를 저으며 물살을 즐기려 할 때면 그날의 기억이 불쑥 떠오릅니다. 뒤집힌 채 텅 비고 쓸모도 없어진 배의 낯선 감촉도 여전히 생생합니다. 그 배는 원래 따스한 햇볕 아래 평온한 호수에서 우리를 안전하게 지켜주는 존재여야 했습니다. 하지만 뒤집힌 채 텅 비어버린 배는 내게 참으로 중요한 교훈을 주었습니다. 삶에는 언제든 위협과 어둠이 드리울 수 있으며, 언제든 운이 뒤바뀌고 자연의 아름다움과 보호가 순식간에 사라질 수도 있습니다. 그렇기에 우리는 항상 경계를 늦추지 말고 변화에 대비해야 합니다.

여러 문화권에서 젊은이들은 성장을 돕고 삶의 가혹한

교훈을 깨닫게 해주는 의식을 거칩니다. 일례로, 나뭇잎 더미 아래나 얕은 구덩이에 하루나 이틀 동안 묻기도 하는데, 이는 죽음의 현실과 자연의 양면성을 깨닫게 하려는 의식입니다. 자연은 우리를 지탱할 수도, 죽일 수도 있기 때문입니다.

나는 죽음에 익숙해지기 위해 굳이 이런 장례 의식을 치를 필요가 없었습니다. 거칠게 일렁이는 호수의 빈 배는 지나치게 순진했던 아이를 현실적인 젊은이로 바꿔놨습니다. 깊이를 알 수 없는 거친 호수는 차디찬 본성을 드러내며 나를 성인의 길로 이끌었습니다. 그날 나는 발목과 다리로 스며드는 한기로 처음 그 존재를 느꼈습니다. 그 차가운 기운은 다정한 가족, 특히 나를 끔찍이 아끼던 할아버지의 따뜻함과 극명한 대비를 이루었습니다.

이 슬픈 기억을 떠올릴 때면 문득 이런 의문이 듭니다. 할아버지는 손자를 위해 목숨을 바쳐야 할 순간을 미리 준비하셨던 걸까? 나 역시 그런 순간이 온다면 준비가 되어 있을까? 나이를 먹을수록 용기의 가치를 더 높이 평가합니다. 말로 떠벌리기는 쉽지만 정작 필요한 순간에 그 용기를 불러내기는 결코 쉽지 않습니다.

　희생을 감수한 용기야말로 진정한 사랑입니다. 감정에 치우치지도, 감상적이지도 않은 사랑이며, 자연의 차가운 물결과 운명의 냉정한 요구에 대응하는 멋진 사랑입니다. 그것은 가족의 사랑이며 할아버지의 사랑입니다. 우리는 모든 인간이 한 가족임을 깨닫는 어려운 교훈을 배워야 합니다. 그리고 언젠가 우리를 대신할 젊은 세대를 위해 기꺼이 자신을 비우고, 필요하다면 목숨까지 내어줄 준비가 되어 있어야 합니다.

《반야심경》

관음보살은

지혜를 얻기 위한 수행에 깊이 몰두하다가

오온^{五蘊}, 즉

물질^{色}, 감각^{受}, 지각^{想}, 의지^{行}, 의식^{識}이

본래 공^{空}하다는 점을 깨달았노라.

그 순간, 그녀는 고통과 불안에서 벗어났노라.

사리불이여,

그대가 지각하는 것은 모두 공^{空}하니,

이는 지각 자체가 공^{空}하기 때문이니라.

보이는 것은 공^{空}한 것이니,

이는 보는 것 자체가 공^{空}하기 때문이니라.

감각하고, 지각하고,

경험하고, 의식하는 것 또한 그러하니라.

사리불이여,

모든 사물과 눈에 보이는 모든 것은

공空의 성품을 지니고 있느니라.

그것들은 보이지도 안 보이지도 않으며,

깨끗하지도 더럽지도 않으며,

늘지도 줄지도 않느니라.

공空 속에는

눈앞의 형상을 붙잡음도 없고,

감각하고 지각하고 경험하고 의식하는 것 또한 없느니라.

눈도 귀도 코도 혀도 몸도 의식도 없고,

색깔도 소리도 향기도 맛도 감촉도 생각도 없으며,

무지도 무지의 끝도 없고,

늙음도 죽음도 없으며,

늙음과 죽음의 끝도 없고,

고집멸도^{苦集滅道}, 즉 고통도 얻음도 끝남도 길도 없으며,

지혜도 없고 도달할 곳도 없느니라.

도달할 곳이 없기에

보살들은 반야바라밀다,

즉 깊은 지혜에 의지하느니라.

그들의 생각에는 걸림이 없으며,

걸림이 없기에 두려움도 없느니라.

그들은 혼란스러운 환상에서 벗어나,

열반의 경지에 들어가느니라.

과거, 현재, 미래의 모든 부처도

반야바라밀다를 의지하여

완전한 깨달음에 이르셨도다.

그러므로 반야바라밀다를 향한 찬탄은

거룩하고 초월적인 주문이며,

가장 높은 주문이며,

완전한 주문이며,

온갖 고통을 없애는 진실한 주문임을 알지니라.

반야바라밀다는 참되며, 허망하지 않으니라.

그러니 반야바라밀다의 주문을 외우라.

그 주문은 이러하니라.

없고, 없으니,

하나도 없고,

진실로 없도다.

이것이 곧 지혜니라.

참으로 아름답도다![33]

―

《반야심경》은 우리를 공허의 본질로 인도합니다. 이 놀라운 경전은 현대적 사고방식과 전혀 다른 원리에 기반한 삶의 방식을 보여줍니다. 그 삶에서는 공허가 다양한 형태로 스며들어, 우리가 하는 모든 일에 깊은 영향을 미칩니다. 이러한 원리는 현대인에게 상당히 낯설 수 있습니다. 우리는 보통 삶을 채우는 데엔 익숙하지만 비우는 데엔 익숙하지 않으니까요. 액면 그대로 받아들이거나 현실 세계에 적용하려 하면 이해하기 어려울 수도 있습니다. 요즘 시대엔 누구도 이해하지 못하는 삶을 살고 싶어 하지 않습니다.

'이해하지 못하는 삶'이라는 말은 공과금 납부 같은 일상적인 활동을 이해하려 들지 말라는 뜻이 아닙니다. 그보다는 삶에서 가장 중요한 진리 중 일부는 결코 완전히 이해할 수 없다는 뜻입니다. 결국 우리는 이런 불가해한 문제들과 마주해야 합니다.

아울러 가장 중요한 문제에서는 특정 체계나 가르침이나 공동체에 얽매이지 않아야 합니다. '공空'의 태도로 배우고 공동체를 찾으며 삶의 철학을 발전시켜 나가야 합니다.

《반야심경》은 '공空'이라는 단어로 가득 차 있습니다. 이 위대한 무집착의 고백은 결국 자신마저도 비웁니다. 그것은 그 무엇과도 같지 않습니다. 절대적인 것은 없다고 강조하면서도 공^{空}을 절대적인 것으로 만듭니다. 공^{空}이라는 말이 경전 곳곳에서 끊임없이 울려 퍼지며, 결국 아무것도 붙잡을 수 없게 만듭니다. 집착할 것도, 의지할 것도 남지 않습니다. 마침내 다 소멸하고, 세심한 성찰과 꾸준한 수행 끝에 이루어낸 무^{無}만 남습니다.

《반야심경》에서 공^{空}은 다양한 의미를 내포합니다. 집착하지 않는 것, 사물을 액면 그대로 받아들이지 않는 것, 어떤 신념에도 지나치게 매달리지 않는 것, 지나치게 몰입한 생각에 따라 행동하지 않는 것, 설교하지 않는 것, 특정 스승이나 가르침에 얽매이지 않는 것, 끊임없는 변화의 흐름 속에 머무는 것, 진보하든 멈춰 있든 그 자체를 문제 삼지 않는 것. 이 모두가 공의 의미에 포함될 수 있습니다. 이러한 흐름에 따라 당신도 자신만의 방식으로 목록을 만들 수 있습니다. 누구나 자기 나름으로 공^{空}을 실천하고 있습니다.

중요한 점은 공^{空}이 단순한 결핍이나 허무를 의미하지 않는다는 것입니다. 공^{空}은 어떤 문제가 아니며, 대개 고통

과도 연관이 없습니다. 그렇기에 애통한 상실이 아니라 온전히 머물 수 있는 뜻밖의 기회입니다. 결국 공空은 단순한 결핍이 아니라, 비어 있음으로써 충만해지는 역설 속에 존재합니다. 그러니 집착하지 마세요. 그러면 삶에 다양한 가능성이 펼쳐집니다. 설득력 있는 인생 철학이나 심리학을 따르더라도 공空의 상태를 유지하세요. 거기에 모든 것을 쏟아붓지 마세요. 그것을 지나치게 무겁고 고정적이며 경직된 이데올로기로 삼지 마세요.

《반야심경》은 모든 경험을 공空으로 덮습니다. 모든 것은 예외 없이 공空합니다. 믿음, 집착, 자존심, 소유, 도덕적 우월감, 옳다는 확신, 가치 판단에 따른 행동 등, 이 모든 것은 공空해야 합니다. 그렇지 않으면 자아ego가 슬며시 끼어들어 우리의 노력을 어딘가에서 왜곡시킵니다. 그 결과, 우리는 알아차리기 어려운 방식으로 강박적이고 불안정한 상태에 빠져들게 됩니다.

의미 있는 삶을 살려면 생각과 행동이 자아에 휘둘리지 않아야 합니다. 실패에 대한 두려움이나 완벽해 보이려는 욕심에서 비롯된 사소한 자기애적 집착이나 미성숙한 습관조차도 삶의 본질을 흐릴 수 있습니다. 자신이 본래 완벽하지 않다는 점을 받아들여야 더 솔직해지고 감정적으로 흔들리지 않습니다. 실수해도 괜찮습니다. 배움은 언제나 계속되니까요.

이처럼 《반야심경》은 인간 존재의 본질을 담아내고 있기에, 전 세계에서 매일 낭송되고 필사됩니다. 현대 서구인들도 이를 받아들여, 서예를 익히거나 경전을 낭송하거나 그림으로 표현하거나 개인적인 시를 덧붙여 확장해보면 좋겠습니다. 전통에서는 이러한 수행을 날마다 꾸준히 실천하면 실제로 일상에 영향을 미친다고 가르칩니다.

곁에 없는 하나님

✦

하나님은 우리가 스스로 삶을 꾸려 나가야 함을 깨닫길 바라신다. 우리와 함께하시는 하나님은, 동시에 우리를 버리시는 하나님이시다("엘리 엘리 라마 사박다니 하시니, 이를 번역하면 나의 하나님, 나의 하나님 어찌하여 나를 버리셨나이까 하는 뜻이라." 마가복음 15장 34절). 하나님은 우리가 '하나님'이라는 전제 없이도 이 세상을 살아가도록 하시지만, 우리는 언제나 하나님 앞에 서 있는 존재다. 하나님 앞에서, 하나님과 함께, 우리는 하나님 없이 살아간다.[34]

디트리히 본회퍼*

....
* Dietrich Bonhoeffer, 1906~1945, 독일 루터교회 목사이자 신학자, 반(反)나치 운동가.

히틀러가 권력을 잡았을 때 기독교 목사인 디트리히 본회퍼는 뉴욕 유니언 신학교에서 공부하고 있었습니다. 1939년, 상황이 긴박해지자 본회퍼는 독일로 돌아가 히틀러를 암살하려는 음모에 가담했습니다. 그러나 모의는 발각되었고 공모자들은 교수형에 처해졌지요. 본회퍼도 2년 동안 감옥에 갇혀 있다가 처형되었습니다.

옥중에서 본회퍼는 윤리와 영적인 삶에 대한 신학적 사상을 깊이 고민하며 정리해 나갔습니다. 여기 인용된 문장은 그러한 사상의 한 예입니다. 그는 한때 주변 사람들이 '하나님'에 대해 이야기할 때 불편하다고 말한 적이 있습니다. 그들이 말하는 하나님은 자신이 의미하는 바와 다르다는 사실을 알았기 때문입니다.

만일 비워져야 할 단어가 있다면, 바로 '하나님^{God}'이라는 단어일 것입니다. 신성의 본질적 신비를 지키고 말로 다 표현할 수 없는 심오함과 거룩함을 유지하고 싶다면,

이 단어를 함부로 사용해서는 안 됩니다. 사실 '하나님'이라는 말을 더 크게 더 자주 떠벌릴수록 무한함과 경외감은 점점 퇴색됩니다. 하나님의 이름을 함부로 사용하지 않는 전통에는 그 나름의 일리가 있습니다. 이 단어를 계속 남용하면 더는 무한한 존재를 떠올릴 수 없게 되고, 결국 우상 숭배와 신성 모독의 길로 빠집니다.

본회퍼가 하나님을 정교하고 신중하게 설명한 덕분에, 우리는 하나님을 초인적 존재로 만들거나 인간처럼 여기지 않으면서도 종교적 경외심과 신앙심을 유지할 수 있습니다. 하나님은 우리의 이해와 통제를 초월하시는 분이기에, 그 이름을 지나치게 친숙한 방식으로 사용하는 것은 적절하지 않습니다.

본회퍼는 "하나님 앞에서, 하나님과 함께, 우리는 하나님 없이 살아간다"라는 말로 우리를 역설에 빠트립니다. 여기서 '하나님'이라는 단어는 기존 개념을 무너뜨리는 힘이 있습니다. 이는 우리에게 신을 대체할 허수아비 같은 개념을 제공하지 않고, 오히려 하나님이 누구인지에 대한 확고하고 명확하며 통제 가능한 정의 자체를 무너뜨립니다. 이제 이 단어는 전혀 다른 역할을 합니다. 즉, 우리가 어떤 이름에서 얻거나 기대할 수 있는 확신을 싹 없애버립니다. 그러한 확신을 허물고, 대신 공허를 남깁니다.

'하나님'이라는 단어를 일종의 공허로, 즉 물리적으로 존재하지 않지만 여전히 함께하는 존재의 이름으로 받아들이도록 노력한다면 어떨까요? 본회퍼는 초월적 현실이 필요하지 않은, 그 자체로 완전한 세계로 우리가 돌아가기를 원합니다. 그렇다고 해서 하나님이 존재하지 않는다고 믿는 세속주의로 빠지기를 원하지는 않습니다. 세속주의는 답답합니다. 거기엔 빠져나갈 길이 없습니다. 우리는 여전히 하나님이 필요합니다. 그러나 하나님은 말과 말 사이의 침묵 속에, 그리고 우리가 적절한 단어를 찾지 못하는 순간 속에 남아 있어야 합니다.

본회퍼는 하나님이 존재하면서도 부재한 역설적 상황을 제시합니다. 이를 설명하려 하면 할수록 전체 과정은 더 복잡해지지만 엄청나게 중요한 개념입니다. 우리는 완전히 닫힌 우주에서도 살 수 없지만, 하나님이 명확하게 드러난 우주에서도 살 수 없습니다. 이 두 가지를 모두 받아들이는 유일한 길은 이 역설 중의 역설, 이 공허한 '진리' 속에서 살아가는 것뿐입니다.

신성한 무지

✦

　나는 여기까지 오기 위해 수많은 가르침을 따라갔으나 번번이 실패했다. 그러던 어느 날, 그리스에서 돌아오는 배에서 뜻밖의 깨달음을 얻었다. 나는 그것이 빛의 아버지께서 베푸신 한없는 은혜 덕분이라고 생각한다. 최고의 선물은 언제나 그분에게서 오는 법이니까. 그 순간 나는 '박학한 무지educated ignorance'라는, 이해할 수 없는 지식에 압도되었다. 나는 인간이 일반적인 방식으로 이해하는 영원한 진리를 넘어서야 했다. 이제 이 개념을 두 권의 책,《박학한 무지》와《추론Conjectures》에서 설명했으므로 이를 더 깊이 탐구하고 확장할 수 있게 되었다.[35]

니콜라우스 쿠자누스*

니콜라우스 쿠자누스는 신학자들에게는 제임스 조이스 같은 인물이었습니다. 끊임없이 새로운 단어를 만들어내고 사고를 뒤흔드는 이미지로 표현했거든요.

위 인용문에서 그는 '이해할 수 없는 지식'을 언급합니다. 그게 대체 무엇일까요? 이해하지 못하면서도 아는 것일까요? 그의 가장 유명한 저서 제목인《박학한 무지》자체도 모순어법입니다. 서로를 부정하는 두 단어가 합쳐져 있기 때문입니다. 그는 또 라틴어를 이용해 독특한 개념을 만들어내기도 했습니다. 가령 'posse^{가능하다}'와 'est^{실제로 존재한다}'를 결합하여 'possest'라는 단어를 만들었는데, 이는 어떤 것이 가능하면서 동시에 실제로 존재한다는 의미를 지닙

....

* Nicolaus Cusanus, 1401~1464, 중세 후기의 철학자이자 신학자, 수학자, 과학자, 교회 정치가. 르네상스와 중세를 잇는 중요한 인물이다. 중세의 신 중심적 세계관에서 벗어나, 인간의 사유와 신앙의 한계를 동시에 고민한 철학적 통찰로 유명하다.

니다.

또 다른 저서인 《추론》에서는 어떤 문제에 대한 임시 해결책을 제시하지만, 그게 꼭 옳거나 효과적이라고 보장하진 않습니다. 니콜라우스의 핵심 개념들은 겉으로 보면 공허하게 들릴 수 있지만, 바로 그 점이 그의 사상을 더 가치 있고 매력적으로 만듭니다. 그는 어떤 아이디어를 제시한 뒤, 다시 그것을 거둬들입니다. 그러면서 우리에게 더 많은 의문을 남기고 결국 무지를 더 깊이 깨닫게 합니다. 이것이 그가 스승으로서 추구한 바였습니다.

니콜라우스는 'sacra ignorantia', 즉 신성한 무지를 찬미했습니다. 머릿속을 비우는 것, 아무것도 생각하지 않는 것, 아무것도 이해하거나 분석하려 들지 않는 것, 사물에 대해 정의하거나 설명하지 않는 것, 세상을 이해하려 애쓰지 않고 그저 자연스럽게 스며들도록 두면서 경험하는 것, 세상과 온전히 함께하는 것, 무한한 우주 속에서 자신을 잃거나 무한한 것이 불현듯 내면을 파고들도록 두는 것. 이 모든 게 그가 말하는 신성한 무지입니다.

니콜라우스에 따르면, 사물의 무한한 근원을 이해한다는 생각은 멀리서 다각형을 보고 원으로 착각하는 것과 같습니다. 멀리서 보면 완벽한 원처럼 보이지만, 가까이 다가가면 직선과 각으로 이루어져 있을 뿐 곡선은 존재하지 않습니다. 하지만 우리는 여전히 그것을 원으로 착각합니다. 니콜라우스는 이렇게 말했습니다.

"당신은 무한을 보았고 또 잘 안다고 생각할지 모르지만 그러한 지식은 착각일 뿐이며 결코 완전하지 않습니다. 오히려 자신의 근본적 무지를 깨닫는 게 더 큰 발전입니다."

니콜라우스는 우리가 개인적으로 무엇을, 어떻게 모르는지 정확히 알아야 한다고 가르쳤습니다. 이는 단순히 문화적 문제나 인간 전체의 문제가 아닙니다. 우리는 저마다 고유한 방식으로 무지하며, 이를 깨닫는 일이 평생의 과제가 될 수도 있습니다. 예를 들어 우주에서 무한한 존재나 지성이 작용할 가능성을 전혀 이해하지 못하고, 그와 밀접하게 관련된 죽음 이후의 세계도 모릅니다.

감정 없는 삭막한 세상에서 살아가면서 모든 것을 유물

론적 과학으로 설명하는 삶은 결코 좋은 선택이 아닙니다. 하지만 오늘날 이런 사고방식은 놀라울 정도로 인기 있습니다. 사람들은 정말 현대의 경험 속에 가득한 미스터리, 풀리지 않는 수많은 의문, 삶에서 벌어지는 기이한 사건을 느끼지 못하는 걸까요? 과거의 수많은 지성인이 겪었던 불가사의한 사건을 모두 잊어버린 걸까요? 죽고 나면 개인의 존재는 완전히 사라진다고 단언할 수 있나요? 지금까지 사후 세계를 믿으며 살아온 수십억 명이 모두 틀렸다고 단정할 수 있을까요?

나는 지난 75년 동안 어떤 형태로든 배움의 길을 걸어왔습니다. 이제 노년에 이르러서는 무지를 받아들이는 법을 익히고 있습니다.

무소유 無所有

✦

어느 날, 수피 마스터^{sufi master, 수피 스승} 아부 사이드의 친구이자 제자인 아부 무함마드가 그를 만나러 목욕탕에 갔다.

"찾아와 줘서 고맙네. 이곳이 마음에 드나?"

스승인 아부 사이드가 물었다.

"예, 아주 마음에 듭니다."

아부 무함마드가 대답했다.

"뭐가 그리 좋은가?"

"그야 스승님이 계시니까 좋지요."

"아니, 진심을 말해보게."

"이곳에선 그저 물을 끼얹을 바가지와 몸을 말릴 수건만 있으면 충분하니까요. 게다가 그조차도 이 목욕탕에 이미 마련되어 있고요."[36]

모즈데 바얏과 모하마드 알리 잠니아*

나는 열세 살에 출가해 스물여섯 살까지 '성모 시녀회 Servite Order'라는 가톨릭 수도회에서 정결貞潔과 청빈淸貧과 순명順命의 서원을 바탕으로 엄격한 수도 생활을 했습니다. 우리는 그 삶을 진지하게, 헌신적으로 또 기쁘게 받아들였습니다.

내가 이해한 정결은 성욕을 포기하거나 억누르는 게 아니라 적극적으로 성생활을 하지 않고 특정한 감정적 관계를 맺지 않는 상태입니다. 이는 다른 서원들과 마찬가지로 공동체 정신을 기리고 영적 가치를 지키는 데 중요한 서약이었지요. 순명은 공동체 지도자들이 공동체를 위해 내린 결정을 따르는 일입니다. 공동체의 필요에 귀를 기울이고 자신의 욕구를 내려놓는 태도를 의미합니다. 청빈은 필수

....

* Mojdeh Bayat과 Mohammad Ali Jamnia, 수피즘 연구자이자 수피즘과 관련된 여러 저서의 공동 저자.

품조차 없이 사는 게 아니라 소유를 줄이고 사치를 멀리하는 삶을 말합니다. 나를 비롯한 동료들은 개인 물품까지도 함께 나누어 썼습니다.

목욕탕에서 바가지와 수건조차 소유하지 않는 방식은 당시 우리 공동체에선 당연한 일이었습니다. 그러한 태도는 삶을 가볍게 하고 자아를 내려놓게 할 뿐만 아니라 공동체 의식을 북돋아 주었습니다. 나는 이러한 경험을 통해 삶에서 소유와 소유욕을 비워내면 진정으로 자유로워질 수 있음을 배웠습니다. (당시엔 컴퓨터가 등장하기 전이라) 가끔 타자기나 라디오가 있었으면 했지만, 어쩌다 느끼는 이런 결핍마저 없었다면 우리가 실천한 청빈 서원은 큰 의미를 지니지 못했을 겁니다.

그 옛날 공동체에서 살아가는 법을 가르쳐 주었던 이러한 서원이 지금도 아버지이자 남편으로서 내 안에 깊이 남아 있음을 느낍니다. 나는 가족과 함께 가진 것을 나누는 일이 기쁘고, 새로운 물건을 직접 소유하기보다 아내나 아들딸이 그것을 즐기는 모습을 보는 편이 더 좋습니다. 청

빈 서원은 여전히 내 삶 깊숙이 자리하고 있습니다.

청빈 정신을 가정에서만 실천할 수 있는 게 아닙니다. 더 넓게 보면, 소유를 성공이나 행복의 척도로 삼지 않고 삶을 단순하게 정리하며 지나친 화려함을 덜어낼 수 있습니다. 집에서는 꼭 필요한 것만으로 생활하고, 무엇을 삶에 들일지 신중하게 선택할 수도 있습니다. 유토피아적 사회 개혁가 윌리엄 모리스^{William Morris}는 "아름답지 않은 물건은 모두 버려야 한다"라고 했습니다. 이 역시 삶을 단순하게 만드는 방법입니다.

상상력 넘치는 사회 비평가 이반 일리치^{Ivan Illich}는 '공유지' 개념을 강하게 지지했습니다. 공유지는 공원이나 대중교통처럼 공동체가 함께 사용하는 땅, 건물, 물건 등을 의미합니다. 극단적이고 전체적인 공산주의가 아니라, 공익을 위해 일부 자원을 합리적이고 절제된 방식으로 공유하는 방식입니다.

나는 겉치레와 사치를 덜어낼수록 삶이 더 의미 있고 즐거워진다는 사실을 경험으로 알게 되었습니다. 이러한 비움은 오히려 삶을 더욱 풍요롭고 충만하게 해줍니다. 아울러 온갖 물건과 최신 기기에 집착하며 산만해지는 삶에 대한 대안이 될 수도 있습니다.

  욕망을 가라앉히고 더 소박한 삶을 살기 위해, 한 번쯤 청빈 서원을 실천하기를 권합니다. 소득 수준과 상관없이 누구나 할 수 있습니다. 돈과 시간을 더 너그럽게 나누고, 소유에 대한 집착을 덜어보세요. 그러면 마음과 영혼이 더 풍요로워집니다. 마치 목욕탕에 가는 일과 같습니다. 목욕이 단순히 몸을 씻는 행위가 아니라 휴식을 취하고 건강을 돌보는 과정이듯, 꼭 모든 것을 소유하지 않아도 풍요롭게 살아갈 수 있습니다.

신발은 많지만 발은 없구나

✦

　제2차 세계대전 당시, 헝가리 부다페스트에서 화살십자당Arrow Cross Party의 파시스트 민병대가 다뉴브강 변에서 수천 명을 학살했다. 희생자는 대부분 유대인이었다. 민병대는 사람들에게 신발을 벗으라고 명령한 뒤, 총을 난사했다. 희생자들의 시신은 강으로 떨어져 둥둥 떠내려갔다. 스웨덴과 스페인의 용감한 지도자들이 위험에 처한 일부 사람들을 보호했으며, 이들의 용기 있는 행동은 이후 널리 기려졌다. 특히 라울 발렌베리Raoul Wallenberg는 죽음의 수용소에서 여러 사람을 구한 의인으로 기억되고 있다. 2005년 영화감독 칸 토가이Can Togay와 예술가 줄라 파우에르Gyula Pauer는 다뉴브강둑에 쇠로 만든 60켤레의 빈 신발을 배치하여 그들을 추모하는 기념비를 세웠다.

인간의 발은 나약함을 그대로 드러냅니다. 그리고 그 나약함은 각자가 지닌 가능성과 세상에 기여할 수 있는 가치를 떠올리게 합니다. 다뉴브강변에서 벌어진 파시스트의 만행을 되새기다 보면, 인간이란 얼마나 잔혹해질 수 있는 존재인지 절감합니다.

겉보기에는 인류사의 어두운 흐름이 도덕적 공허를 드러내는 듯하지만, 실제로는 선과 자비를 품을 수 있는 공허가 사라진 상태를 나타냅니다. 끔찍한 만행을 저지른 이들은 강박적 믿음과 잘못된 신념에 사로잡혀 있었으며, 그 맹목적 집착이 그들을 위험한 존재로 만들었습니다. 다뉴브강둑에 놓인 빈 신발은 따뜻한 인간성이 사라진 자리에 지나치게 경직된 이념이 대신했음을 상징합니다.

주인 잃은 신발들을 바라보면서 우리는 희생된 삶을 떠올리고, 존중과 존엄을 빼앗긴 이들이 겪었을 무한한 고통을 느낍니다. 문득 우리 곁을 떠나간 소중한 사람들이 떠오릅니다. 비록 다뉴브강변의 희생자들처럼 극한의 고통을 겪지는 않았어도, 여전히 그리운 존재들이죠. 나도 어머니가 세상을 떠난 후 옷장을 정리하다 다시는 주인을 만나지 못할 빈 신발을 하염없이 쳐다본 적이 있습니다.

   신발은 너무 익숙하고 평범해서 특별히 신경 쓰지 않고 지나치기 쉽습니다. 하지만 주름진 얼굴이 세월의 흔적을 담고 있듯, 신발도 그 사람의 성격을 고스란히 드러냅니다. 고흐가 그린 낡은 신발은 고단한 삶의 투쟁을 단번에 떠올리게 합니다. 이와 비슷하게, 예수가 승천한 후 땅에 남겨진 발자국을 형상화하는 기독교의 전통 의식도 있습니다. 언젠가 수녀원에서 저녁을 먹었는데, 디저트로 나온 케이크에 두꺼운 아이싱으로 예수의 발자국이 새겨져 있더군요.

   신발을 신거나 벗을 때, 다뉴브강에서 벌어진 참상을 떠올리며 인류의 도덕적 성숙을 위해 힘쓰겠다고 다짐하면 어떨까요. 나는 지금 도덕주의가 아니라 진정한 도덕성의 향상을 말하고 있습니다. 도덕주의자들은 섬세한 사람들이 아닙니다. 그들은 모든 사람이 자기들과 똑같이 생각하고 똑같은 가치를 믿어야 한다고 주장합니다. 모든 것을 안다고 착각하고, 나치처럼 자기들이 싫어하는 인종이나 국적을 제거함으로써 세상을 정화하려 하지요. 우리는 그들의 길을 따라가서는 안 됩니다. 당신의 빈 신발을 바라보면서, 단지 누군가의 편견과 혐오 때문에 역사의 뒤안길로 '사라져야 했던' 수많은 사람을 기억합시다. 빈 신발은 자유로운 인간성을 지키겠노라고 새롭게 다짐할 계기입니다.

그릇에 죽이 없다

옛날 옛적 숲속에 아빠 곰, 엄마 곰, 아기 곰 가족이 살고 있었다. 그들은 각자에게 꼭 맞는 죽 그릇과 의자와 침대가 있었다. 하루는 아침 식사로 죽을 끓여 각자의 그릇에 담은 뒤, 죽이 식는 동안 밖으로 산책을 나갔다. 이 숲속의 곰들은 참 점잖고 예의 바른 친구들이었다.

곰들이 밖에 있는 동안, 근처에 사는 골디락스라는 소녀가 우연히 곰 가족의 집 앞을 지나가다 창문 너머로 안을 들여다보았다. 예의범절이 부족한 골디락스는 문을 벌컥 열고 들어와서는 식탁에 놓인 죽그릇으로 향했다. 먼저 아빠 곰의 그릇에 담긴 죽을 한 입 먹더니 말했다. "이 죽은 너무 뜨거워!" 그다음 엄마 곰의 죽을 맛보고는 소리쳤다. "이 죽은 너무 차갑잖아!" 마침내 아기 곰의 아침 식사를 맛보고는 "이건 딱 좋아!"라며 그릇을 싹 비워버렸다.

골디락스는 길을 걷느라 피곤했기에 잠시 앉아 쉬고 싶었다. 먼저 아빠 곰의 의자에 앉아보더니 말했다. "이건 너무 높네!" 그다음 엄마 곰의 의자에 앉아보며 말했다. "이건 너무 크네!" 마침내 아기 곰의 의자에 앉고는 "이건 딱 좋아!"라고 말했다. 그 순간, 작은 의자가 우지끈 부서지고 말았다.

그래서 골디락스는 침대에 눕기로 했다. 먼저 아빠 곰의 침대에 누워서는 "이건 너무 딱딱해!"라고 말했다. 그다음 엄마 곰의 침대에 누우며 "이건 너무 푹신해!"라고 했다. 마침내 아기 곰의 침대에 눕고는 "이건 딱 좋아!"라고 말하고 그대로 잠이 들었다.

산책에서 돌아온 곰들이 아침을 먹으러 식탁에 갔다.

"누군가 내 죽을 떠먹었어." 아빠 곰이 말했다.

"누군가 내 죽을 떠먹었어." 엄마 곰이 말했다.

"누군가 내 죽을 떠먹었어." 아기 곰이 빈 그릇을 쳐다보며 말했다. "하나도 남김없이!"

"누군가 내 의자에 앉았었네." 아빠 곰이 말했다.

"누군가 내 의자에 앉았었네." 엄마 곰이 말했다.

"누군가 내 의자에 앉았다가 부서뜨렸어!" 아기 곰이 말했다.

"누군가 내 침대에서 잤었네." 아빠 곰이 말했다.

"누군가 내 침대에서 잤었네." 엄마 곰이 말했다.

"누군가 내 침대에서 잤었고, 지금도 자고 있어!" 아기 곰이 말했다.

때마침 골디락스가 눈을 뜨더니, 자신을 쳐다보는 곰들을 보고 후다닥 일어나 창문으로 달아나버렸다.

텅 비어 버린 죽그릇에 주목하세요. 골디락스가 죽을 다 먹어 치우는 바람에 아기 곰은 아침을 굶어야 합니다. 이 단순한 이야기의 의미를 제대로 파악하려면, 초기 버전에선 곰의 집을 침범한 존재가 금발의 어린 소녀가 아니라 암컷 여우였다는 사실을 알아야 합니다. 단순히 길을 지나

가던 순진한 소녀가 아니라 아주 교활한 침입자였지요.

골디락스의 순수한 겉모습은 우리에게 고전적인 '순진한 소녀' 이미지가 반드시 믿을 만하지는 않다고, 그 아래 어두운 그림자를 감추고 있다고 경고하는지도 모릅니다. 더 상징적으로 해석하자면, 융Jung의 관점에서 골디락스는 영혼의 이미지soul-image로 볼 수도 있습니다. 완벽해 보이던 가족의 균형을 깨뜨리고 평온한 하루를 망치는 존재이지요. 그녀의 행동은 결국 단순한 혼란을 넘어 새로운 변화를 불러오는 계기가 됩니다.

여기서 빈 그릇은 이상적인 가족의 평온한 일상에 발생한 예상치 못한 사건을 나타냅니다. 아기 곰은 삶에 꼭 필요한 음식과 의자와 침대를 빼앗겼습니다. 단순한 사물이 아니라 집과 안락함을 상징하는 것들이죠. 곰 가족은 집안이 어지럽혀진 모습을 보고 불안과 분노를 느낍니다. 마치 여우가 닭장에 침입했을 때와 같은 본능적 반응입니다.

가족의 완벽함은 대체로 오래가지 않으며, 애초에 완벽한 경우도 드뭅니다. 언제나 무언가 혹은 누군가가 나타나 그 비현실적인 평온을 깨뜨리지요. 심리치료사로서 나는 가끔 내담자들에게 어린 시절 이야기를 들려달라고 청합니다. 그러면 거의 언제나 우리가 그려왔던 완벽한 행복의 이미지를 뒤흔드는 요소가 드러나더군요. 앞서 나는 눈부시게 화창한 날 물에 빠져 죽을 뻔했던, 실제로 할아버지를 죽음으로 몰고 갔던 사건을 이야기했습니다. 어떤 이는 부모가 분노를 폭발시켰던 순간을 들려주거나, 부모가 다른 형제나 자매를 편애하던 기억을 꺼내기도 합니다.

앞서 다른 이야기에서, 나는 사제가 되겠다는 열망에 사로잡혀 열세 살 어린 나이에 수도원으로 들어갔다고 했습니다. 금빛으로 빛나는 꿈이었지만 결국 어린 나이에 따뜻하고 사랑이 넘치던 가족과 영영 멀어져야 했지요. 그 뒤로 나는 13년 동안 감정적으로 차갑고 엄격한 삶 속에 머물렀고, 결국 가족과 함께 보낼 청춘의 시간을 다 놓치고 말았습니다. 물론 수도사로 살면서 많은 것을 얻었지만, 가족의 완벽함은 찬란히 빛나 보였던 그 선택으로 인해 산산이 부서졌습니다.

나는 어른이 되었지만 여전히 그 빈 죽 그릇을 마주합니다. 반짝이는 황금빛 이상 때문에 스스로 포기했던, 따뜻하고 아름다운 가족을 그리워합니다. 그러나 가족의 따뜻한 보살핌을 뒤로하고 더 넓은 세상으로 나아가는 것은, 어쩌면 성장의 일부인지도 모릅니다. 삶인지 아니마^{anima}(융이 제시한 개념으로, 내면의 영혼 같은 존재이자 성장과 변화를 이끄는 무의식적인 힘을 의미한다.-옮긴이)인지 영혼인지 모를 그 침입자는 어린 시절의 완벽함을 산산이 깨뜨렸지만, 동시에 내 운명의 문을 열어주었습니다. 불가피한 선택이었겠지만 여전히 가슴 아픈 일이기도 합니다. 나는 지금도 그 일을 떠올리면 아기 곰처럼 울고 싶어집니다.

정신분석학자 브루노 베텔하임$^{Bruno\ Bettelheim}$은 유명한 저서 《옛이야기의 매력$^{The\ Uses\ of\ Enchantment}$》에서, 골디락스가 그냥 창문으로 도망친다는 결말에 주목합니다. 어떠한 해결책, 성장 과정도 없이 이야기가 끝나버리죠. 하지만 빈 그릇에 초점을 맞추면 이 이야기에서 심리적 움직임을 볼 수 있습니다. 빈 그릇은 아기 곰이 가족 안에서 누려온 안정된 삶에 대한 위협을 상징합니다. 아기 곰은 지금껏 필요한 것을 다 공급받으며 살아왔지만, 이젠 그것이 사라질 가능성을 처음으로 마주합니다. 우연히 침범해 질서를 깨뜨리는 골디락스, 이 순진해 보이는 금발 소녀의 등장으로 우리 안에 있는 작은 곰의 세계가 흔들립니다. 이 이야기는 우리 삶에서 끊임없이 반복됩니다. 그때마다 우리는 앞으로 나아갈 기회를 얻고, 때로는 고통스럽지만 더 깊이 운명의 길로 들어섭니다. 빈 그릇은 우리를 어른의 삶으로 나아가게 합니다.

오랫동안 치료사로 일하면서, 나는 내담자가 어린 시절의 침입자와 방해꾼, 유년기의 낙원을 뒤흔든 사건들, 자신의 결핍을 자식에게 떠넘긴 부모에 관한 이야기를 허심탄회하게 털어놓아야 유용하다는 사실을 발견했습니다. 사랑받고 존경받던 그 '금빛' 존재가 때로는 순수를 깨뜨리고 성숙을 불러오는 바로 그 침입자가 되기도 합니다.

가정은 아이들이 안전하게 보호받고, 안락하게 행복을 누려야 할 신성한 공간입니다. 평화로운 세상을 원한다면 그 시작은 평온하고 사랑이 넘치는 가정이어야 합니다. 하지만 자신이 맡은 본분과 자녀에게 튼튼한 삶의 기반을 제공하는 방법을 잘 모르는 부모가 많습니다. 자식을 키우는 일은 본능적으로 익힐 수 있는 기술이 아니며, 특히 자신이 건강한 가정에서 자라지 못한 사람들에게는 더욱 그렇습니다. 그런데 이런 경우가 생각보다 많습니다. 모든 부모가 잘못을 저지른다는 뜻은 아니지만, 감정적 평온에서 조금만 벗어나도 아이들은 쉽게 상처를 받습니다. 그리고 작은 상처라도 평생 마음에 남아 영향을 미칩니다.

아이가 혼란을 겪고 부모 역시 당황하며 감정적으로 힘든 시기를 보낼 때, 우리는 더 많은 교육과 상담과 지도가 필요합니다. 언젠가 '금빛'으로 빛나는 존재가 불쑥 나타나 가족의 일상을 흔들어댑니다. 누구도 피할 수 없는 일입니다. 그런 혼란스러운 변화에 대처하는 법을 알아야 합니다. 그게 바로 사려 깊은 부모가 감당해야 할 과제입니다.

대가 없이 얻는 것은 없다

✦

　잘 들어라. 너희가 준 만큼, 아니 그 이상으로 돌려받게 될 것이다. 가진 것이 있으면 더 많이 주어질 것이요, 없으면 가진 것마저 잃게 될 것이다.

　하나님 나라는 사람이 땅에 씨를 뿌리는 것과 같으니라. 그가 밤낮 자고 깨고 하는 중에 씨가 나서 자라되, 어떻게 그리되는지 알지 못하니라. 땅이 스스로 열매를 맺되, 처음엔 줄기요, 다음엔 이삭이요, 그다음엔 곡식이라. 열매가 익으면 곧 낫을 대나니, 추수 때가 이르렀도다.

　하나님 나라는 어떠하며, 또 무엇에 비유할 수 있을까? 하나님 나라는 겨자씨 한 알과 같으니, 땅에 심길 때는 그 어떤 씨보다 작으니라. 심긴 후에는 자라서 그 어떤 풀보다 커지며 큰 가지를 내나니, 공중의 새들이 그 그늘에 깃들일 만큼 되느니라.[37]

마가복음 4장 23~32절

지난봄에 아내가 토마토 씨앗을 심었습니다. 평소 같으면 50센티미터쯤 자란 묘목을 사다 심었을 텐데, 이번엔 씨앗부터 직접 길러보기로 했습니다. 새싹이 돋을 때마다 아내가 내 손을 잡아끌며 보라고 하더군요. 조그맣던 싹들은 계절을 따라 자라더니, 여름이 끝나갈 무렵엔 해가 잘 드는 현관을 가득 채운 무성한 줄기에 탐스럽고 붉은 토마토가 주렁주렁 열렸습니다.

예수는 씨앗의 이미지로 하나님 나라를, 그리고 자신이 꿈꾸던 삶의 방식을 비유합니다. 내가 바라본 그 나라는 사랑과 연대의 정신으로 하나 된 새로운 인류 공동체입니다. 인간 본성에 깊이 새겨진 자기중심성과 탐욕에서 벗어나, 서로 돌보고 세상을 치유하는 데 헌신하는 사람들로 이루어진 공동체지요.

공동체적 사랑이라는 개념은 사소해 보이지만 세상을 완전히 바꿀 수 있습니다. 씨앗처럼 작고 미약하지만 널리 퍼져 나갈 힘이 있습니다. 이 일련의 이미지들 끝에 예수는 겨자씨를 언급하는데, 이 겨자씨는 보일 듯 말 듯할 정도로 작지만 나중에는 새들이 둥지를 틀 만큼 크게 자랍니다.

이렇게 작은 것이 커진다는 이야기 속에서, 예수는 선뜻 이해하기 어려운 말을 꺼냅니다.

"무언가를 가진 사람에게는 더 많이 주어질 것이요, 아무것도 없는 사람은 가진 것마저 빼앗길 것이다."

하지만 가진 게 없는데 어떻게 그것마저 잃을 수 있을까요? 신약성서 전문가 존 도미니크 크로산$^{John\ Dominic\ Crossan}$은 이 야릇한 구절을 언급하면서 선禪불교 시인 바쇼^{Basho}의 말을 인용합니다.

"너에게 지팡이(여기서 지팡이는 단순한 물건이 아니라 믿음, 깨달음, 하나님 나라를 받아들이는 태도 등을 상징한다. 믿음이 있고 하나님 나라를 받아들이는 사람은 더 깊은 깨달음과 은혜를 얻게 되지만, 하나님 나라를 거부하고 믿음 없이 세상 방식에만 집착하는 사람은 결국 아무것도 남지 않게 된다는 뜻이다.-옮긴이)가 있으면, 내가 그것을 줄 것이다. 너에게 지팡이가 없으면 내가 그것을 빼앗을 것이다."[38]

크로산은 예수가 이 말씀을 통해 우리가 아는 세상의 질서를 어떻게 해체하는지 가장 급진적인 방식으로 표현했다고 설명합니다. 아무것도 가진 게 없다 하더라도, 그조차 빼앗길 거라고 말이죠. 이러한 극단적 표현은 《반야심경》의 마지막 구절을 떠올리게 합니다.

"없고, 없으니, 하나도 없고, 진실로 없도다."

그야말로 완전한 공허의 상태입니다. 여기서 중요한 점은, 심지어 '없음'조차 비워야 한다는 것입니다. '공空'이라는 개념 자체를 너무 절대적인 것으로 만드는 유혹에 빠질 수 있기 때문이지요. 결국 마지막 과제는 이 '공空'마저 비우는 것입니다.

예수는 희망과 약속을 주지만 동시에 거두어 가기도 합니다. 그래서 예수의 가르침이 그토록 급진적인 형태로 온전히 수용되고 실천되는 일이 드문지도 모르겠습니다. 사람들은 흔히 이렇게 말합니다.

"이 가르침이 중요한 건 알지만 너무 극단적으로 갈 필요는 없잖아? 모든 사람을 진심으로 사랑해야 한다면 사업은 어떻게 해? 그건 너무 순진한 생각이야."

예수의 나라에서는 세상의 '지혜'가 통하지 않습니다. 세상의 지혜는 사랑에 대한 급진적 헌신보다 불안과 자기중심적 계산을 더 우선합니다. 진정으로 비워지려면, 종교적 믿음이 실용적이거나 재정적 문제에 얽매여선 안 됩니다.

한편, 가진 게 적다는 사실 자체가 또 다른 형태의 자부심을 낳기도 합니다.

"넌 편하게 살지만 나는 힘들게 살아. 내가 가진 작은 것 하나하나를 다 내 힘으로 이뤄냈어."

어쩌면 예수는 이렇게 말하는지도 모릅니다.

"내 나라에서는, 이 새로운 삶의 방식에서는, 더는 그런 강박적인 '없음'을 즐길 수 없을 것이다. 그것마저도 너에게서 가져가겠다."

예수는 자아의 개념을 새롭게 정의합니다. 우리는 다른 누군가를 희생시키면서 어떤 존재가 되지 않습니다. 진정한 자아란 채우는 게 아니라 비워내는 과정입니다. 자신을 잃을 때 비로소 진정한 자신을 발견할 수 있습니다. 자아를 부풀리고 떠받치고 끊임없이 확신을 주려는 태도는 오히려 이웃을 사랑하라는 순수한 철학을 흐리게 만듭니다. 그 이웃이 누구든 간에.

에밀리 디킨슨^{Emily Dickinson}은 이렇게 썼습니다.

"나는 아무도 아니다. 당신은 누구인가?"[39]

참으로 의미 있는 질문입니다. 자신을 무엇으로 정의합니까? 어떤 직업을 가졌는지, 무엇을 소유했는지, 무엇을 성취했는지로 자신을 규정하나요? 아니면 무언가를 잃어버렸을 때 비로소 진정한 자신을 깨닫게 되는 걸까요?

상실조차도 비움으로 남겨두어야 합니다. 그것을 떠벌리지 말고, 그 대가로 무언가를 '얻으려' 하지도 마세요. 남들의 동정을 바라지 말고, 특별한 대우를 기대하지도 마세요. 보상을 요구하지 마세요. 그 상실이 당신을 비운다면, 그 비워짐을 그대로 비워두세요. 공연히 다른 의미로 채우려 하다가 망치지 마세요.

머피의 마음

✦

참으로 안타까운 일이지만, 이제 '머피의 마음'이라는 표현을 정당화해야 할 지점에 이르렀다. … 머피의 마음은 자신을 속이 빈 거대한 구체球體로 상상했다. 완전히 밀폐된 상태로, 외부 세계와 단절된 구체였다. 그러나 이는 결핍이 아니었다. 그 구체가 스스로 포함하지 않은 것은 아무것도 없었기 때문이다. 과거에도, 현재에도, 미래에도 그 구체 바깥에는 아무것도 존재하지 않았다. 그 모든 것은 이미 머피의 마음속에서 가능성으로, 실제로, 혹은 가능성이 실제로 변화는 과정에서, 혹은 실제가 다시 가능성으로 사라지는 과정에서 존재하고 있었다.[40]

사무엘 베케트*

―

 아일랜드 출신의 극작가이자 시인, 실험적 소설가였던 사무엘 베케트는 서른두 살 때 아주 재치 있고 철학적인 소설 《머피》를 출간했습니다. 이 소설에서 베케트는 머피의 마음을 속이 빈 구체로 묘사하고, 일상의 무거운 짐에서 벗어나려는 끊임없는 시도로 머피의 삶을 그려냅니다. 머피는 자신을 흔들의자에 묶는데, 이는 우리가 자유롭게 살려고 애쓸 때 느끼는 제약을 상징합니다. 하지만 머피는 무언가를 하거나 어딘가로 가는 것마저 벗어나고 싶어 하기도 합니다. 그래서 흔들의자에 묶인 상태에서도 기쁨을 느낍니다.

 머피는 아파트에서 가스 폭발 사고로 뜻하지 않게 죽음

....

* Samuel Beckett, 1906~1989. 부조리한 세상에서 별 의미 없이 죽음을 기다리는 절망적인 인간의 조건을 매우 인상적인 언어로 허무하게 묘사했다. 1969년 노벨문학상을 받았다.

을 맞이합니다. 그의 유언장에는 유골을 종이봉투에 담아, 애비 극장에서 공연이 진행될 때 극장의 화장실 변기에 흘려보내라고 적혀 있습니다. 머피는 야망을 품고 살아가는 현대인과 정반대되는 인물입니다.

이 이야기의 유머와 역설을 이해하려면 머피 특유의 감수성이 필요할지도 모릅니다. 베케트는 사람을 그다지 영리하지 않은 존재로 그리며, 이를 통해 독특한 이미지를 창출합니다. 머피는 로렐과 하디$^{\text{Laurel and Hardy}}$, 찰리 채플린 $^{\text{Charlie Chaplin}}$, 버스터 키튼$^{\text{Buster Keaton}}$ 같은 영화 속 인물의 계보를 잇습니다. 이들은 20세기 초반 무성영화 및 초기 유성영화 시대를 대표하는 코미디언으로, 공허한 마음을 지닌 인간을 연기하면서 끊임없이 넘어지고 실패하는 모습을 보여주었습니다. 실제로 베케트는 자신의 유일한 영화 〈필름^{Film}〉의 주인공으로 버스터 키튼을 선택했습니다.

이 영화에서 키튼의 과제는 눈에 띄지 않는 것이었습니다. 이는 '존재한다는 것은 인식되는 것$^{\text{to be is to be seen}}$'이라는 철학적 명제를 뒤집어 '인식되는 것이 곧 존재하는 것$^{\text{to be}}$

seen is to be'이라는 개념을 제시합니다. 영화에서 키튼은 필사적으로 남들 눈을 피해 다닙니다. 세상 속에서 한 인간으로 존재하는 것 자체를 거부하며, 누구에게도 들키지 않고 어떤 관계에도 얽히지 않으려 합니다.

베케트가 그려낸 머피의 아이러니와 유머는, 대다수 인간이 깊이 성찰하지 않으며 복잡한 논리나 역사나 대대로 축적된 지혜에 크게 신경 쓰지 않는다는 사실을 상기해 줍니다. 결국 우리도 머피와 다르지 않습니다. 욕망과 두려움에 사로잡히는 순간마다 우리의 마음은 텅 빈 구체처럼 공허해지고, 삶은 현실과 가능성 사이를 끝없이 떠돕니다. 그런데도 우리는 살아남고 때로는 번영하기까지 합니다. 삶은 우리가 무엇을 하는지, 왜 여기에 있는지도 모른 채 계속된다는 점에서 희극적입니다.

이 근본적 무지는 앞서 니콜라우스 쿠자누스에 대해 살펴보았던 '신성한 무지'와 매우 비슷합니다. 이는 두 번째 유형의 빈 마음, 즉 자신의 한계를 알고 미스터리를 받아들이는 긍정적 형태입니다. 사람들은 대부분 두 가지 형태의 정신적 공허를 경험합니다. 그러니까 삶의 본질을 깊이 고민하지 않는 순간이 있는가 하면, 때로는 새로운 발견과 깨달음에 열려 있기도 합니다. 머피에게 무지는 어리석음과 맞닿아 있으며, 어리석음은 열린 마음의 그림자입니다. 사실 누구에게나 이런 어리석음이 있습니다. 하지만 이 어리석음 덕분에 우리는 더 깊고, 영적으로 더 풍요로운 마음의 공허와 연결될 수 있습니다.

이 개념이 어렵게 느껴진다면 우리가 얼마나 어리석은 선택과 행동을 많이 하는지 떠올려보세요. 우리는 흔히 자신을 너무나 똑똑하고 박식하다고 여기고, 자신의 믿음과 이해와 실천을 지나치게 확신합니다. 하지만 때로는 그런 확신과 지식을 내려놓아야 합니다. 그런 면에서 머피는 영웅일지도 모릅니다. 그의 마음은 마치 '텅 빈 구체'처럼 비어 있고, 현실과 가능성 사이에서 아슬아슬하게 균형을 잡고 있으니까요.

니콜라우스는 《바보 The Idiot》라는 제목의 단편을 시리즈로 썼는데, 당시 바보란 못 배운 사람을 뜻했습니다. 머피

역시 그런 바보입니다. 니콜라우스는 특히 《바보: 마음에 대하여 The Idiot: On the Mind》에서, 못 배운 사람이 명망 있는 교수와 논쟁을 벌이며 오히려 그에게 새로운 통찰을 가르치는 모습을 보여줍니다. 이를 통해 학교에서 배운 지식이 없어도, 일상에서 터득한 지혜가 더 값질 수 있음을 은근히 드러냅니다.

베케트도 《고도를 기다리며 Waiting for Godot》라는 유명한 희곡에서 비슷한 암시를 합니다. 주요 등장인물 중 하나가 모자를 벗어 안을 들여다보지만, 그 안엔 아무것도 없습니다. 모자는 마음을 상징한다고 볼 수 있습니다. 극 중 인물들은 자기들이 어디에서 왔는지, 또 어디로 가는지 모릅니다. 우리도 마찬가지입니다. 어디에서 왔는지, 어디로 가는지 모른 채 추측과 단서에 의존해 살아갑니다. 이는 인간 존재의 본질입니다. 아마도 우리는 마음의 근본적 공허를 메우려 끝없이 정보를 쌓고 지식을 익히며 기술과 데이터를 축적해 왔는지 모릅니다. 그러나 이제는 그 엄청난 양에 오히려 압도당하고 있지요. 이렇게까지 많이 배우고 익히려는 노력이, 어쩌면 불안을 감추려는 몸부림은 아닐까요?

이제 우리는 다른 길을 선택할 수 있습니다. 머피의 '빈 마음'에서 지혜를 발견하고, 더 감각적이고 직감적으로 살아가는 것입니다. 우월한 지식이라는 환상에서 벗어나 가능성을 향해 과감하게 뛰어드는 것, 바로 그 길이 더 자유로운 삶일지도 모릅니다.

말하지 않기

✦

　나스루딘은 금요일 저녁마다 의례적으로 지역 모스크에서 강연했다. 그의 강연을 들으려고 매번 수백 명이 모여들었다. 그들의 영적 지도자인 물라는 복잡한 개념을 쉽고 감동적으로 설명했기 때문이다. 어느 금요일, 나스루딘은 엄청나게 모여든 인파 앞에서 물었다.

　"전에 내 강연을 들은 적이 있는 분은 손을 들어주세요."

　그러자 청중이 일제히 손을 들고 흔드는 바람에 모스크 안은 순식간에 떠들썩해졌다.

　"흠, 이미 내 강연을 들은 적이 있다면 오늘 밤 내가 다시 말할 필요도 없겠네요."

　이렇게 말한 뒤, 나스루딘은 곧장 자리를 뜨고 집으로 돌아갔다. 당황한 사람들은 자신들이 무엇을 잘못했는지 궁금해했다.

다음 주 금요일, 다시 수많은 사람이 모스크에 모였다. 나스루딘은 강단에 올라 주위를 둘러보며 물었다.

"전에 내 강연을 들은 적이 있는 분은 손을 들어주세요."

그러자 청중은 지난주에 있었던 일을 떠올렸다. 바보가 아닌 이상 똑같은 실수를 반복할 수 없기에, 다들 손을 내린 채 조용히 있었다.

"흠, 내 강연을 들어본 적이 없다면 오늘 밤 내가 하는 말을 이해할 수 없을 겁니다."

이렇게 말한 뒤, 나스루딘 모스크를 떠나 집으로 돌아갔다. 사람들은 또다시 실망했다.

세 번째 주가 되자, 나스루딘은 다시 모스크에 와서 청중을 바라보며 물었다.

"전에 내 강연을 들은 적이 있는 분은 손을 들어주세요."

이번엔 청중의 절반은 손을 들고 나머지 절반은 들지 않았다.

"아, 손을 든 분들은 안 든 분들에게 내가 무슨 말을 했는지 대신 전해주시겠습니까?"

그 말을 남긴 후, 나스루딘은 다시 모스크를 떠나 집으로 돌아갔다.

우리는 방금 말하지 않는 강연자와 가르치지 않는 스승의 이야기를 살펴봤습니다. 그는 말할 수도, 가르칠 수도 있었지만 그러지 않았습니다.

이번에도 옛 가르침이 떠오르는군요. 《도덕경》에서는 "아는 자는 말하지 않고, 말하는 자는 알지 못한다"라고 했습니다. 부처도 제자들에게 가르침을 전할 때, 아무 말 없이 꽃을 한 송이 들어 보였다고 합니다. 그 꽃은 말로 설명할 수 없는 깨달음을 상징하게 되었고, 결국 침묵과 관조 속에서 진리를 찾는 수행, 즉 선禪불교의 시작이 되었습니다.

너무 신비로워 쉽게 말로 담아낼 수 없는 것들에 대해서 우리는 너무 많이 떠들어댑니다. 지금까지 온갖 종교와 영적 전통에서 행해진 설교의 99퍼센트가 없었더라면, 인류의 역사는 훨씬 긍정적인 방향으로 흘러갔을지도 모릅니다. 지나친 확신, 오만, 집착, 경쟁심, 엉뚱한 추측, 감상주의, 공격성, 지배욕, 도덕주의와 독단, 얄팍한 신앙, 불안정한 개인적 견해 등으로 가득했던 그 모든 말 가운데 단 1퍼센트만 진정으로 가치 있었을지 모릅니다.

중요한 문제에 대해 말하려면 오랜 사색과 성찰이 필요합니다. 그리고 더 오랜 시간을 들여 깊이 공부해야 합니다. 나스루딘이 말하지 않는 이유는, 사람들이 같은 가르침을 너무 많이 들었거나 혹은 제대로 공부하지 않아 그가 무슨 말을 하는지 이해하지 못하기 때문입니다. 어쩌면 사람들끼리 이야기할 기회를 주는 게 더 나을지도 모릅니다. 함께 고민하고 생각을 정리하며 가설을 세우고 해결책을 모색하는 과정에서 스스로 답을 찾아갈 테니까요.

많은 사람이 열정적으로 몰려든다면, 혹시 그 가르침이 너무 대중적이고 깊이 고민할 여지를 주지 않으며, 인기만 있을 뿐 정작 사람들에게 유익하지 않다는 신호가 아닐까요? 현대 세계는 한쪽엔 철저한 세속주의가, 다른 쪽엔 뜨

겁게 달아오른 영적 열광이 맞서고 있는 듯합니다. 하지만 어느 쪽도 거룩함과 깊은 의미, 숭고함과 신비로움을 찾아가는 길을 제시하지 못합니다. 오히려 서로 주도권만 다툴 뿐, 정작 어느 쪽도 깊은 통찰이나 바른 삶으로 인도하지 못합니다. 이제 양쪽 대변자들은 무대에서 내려와 집으로 돌아가는 편이 나을 것입니다. 지금이야말로 교회와 회당, 모스크와 부흥 집회, 각종 워크숍을 비울 때인지도 모릅니다.

언어도 세월을 타며 지칠 수 있습니다. 오랜 시간 같은 말이 반복되지만, 본래의 생생한 의미는 점차 퇴색해 갑니다. 이를테면 기독교는 '서로 사랑하라'는 놀랍도록 단순한 한마디에 뿌리를 두고 있습니다. 이 말에는 어떤 미스터리도, 난해한 철학도 없습니다. 예수의 가르침에서 이 말이 핵심이라는 사실은 의심의 여지가 없습니다. 하지만 이 가르침을 떠들썩하게 신봉한다고 외치는 이들 가운데 상당수가 그 원칙대로 살지 않습니다. 우리는 좀처럼 이렇게 말하지 않습니다.

"저 사람을 봐, 예수님을 따르는 사람인가 봐. 참으로 사랑이 넘치잖아."

이제 '사랑'이라는 말은 아무런 울림도 없습니다. 의미를 전하지도, 담아내지도 못합니다. 그저 결핍되어 있을 뿐, 진정으로 비어 있지 않습니다.

이제는 기독교인이 모임을 멈추고 집으로 돌아갈 때가 온 것이 확실합니다. 같은 말을 너무 여러 번 들었으니까요. 유대교인도, 불교인도, 이슬람교인도 마찬가지입니다. 이제는 정말 돌아가 침묵할 때입니다. 말이 다시금 의미를 되찾고 진정한 변화를 일으킬 수 있도록 스스로 회복할 시간을 줍시다.

조용한 개구리

새로운 연못,

개구리 뛰어드니

소리가 없네.[41]

료칸

료칸의 답가에 영감을 준 바쇼^{芭蕉}의 유명한 하이쿠(5-7-5 음절 구조를 따르는 일본 특유의 세 줄짜리 시. 자연과 계절, 순간적 깨달음을 함축적으로 표현한다.–옮긴이)가 있습니다.

오래된 연못,

개구리 뛰어드니

물소리 풍덩!⁴²

바쇼의 원래 하이쿠도 이미 상당히 비어 있지만, 젊은 시인 료칸은 '풍덩' 소리 대신 '소리가 없네$^{no\ sound}$'라고 적으면서 한층 더 비워냅니다. 나는 '소리가 없네'를 '고요하구나$^{silence!}$'로 번역하고 싶습니다. 개구리가 연못에 뛰어들면, 바쇼의 하이쿠처럼 당연히 소리가 납니다. 매우 자연스럽고도 선禪적인 장면입니다. 하지만 료칸은 더 날렵한 개구리를 상상합니다. 어찌나 날렵한지 물속으로 뛰어들면서도 아무런 소리를 내지 않습니다. 우리도 이처럼 늘 더 비워낼 수 있습니다.

누군가가 어떤 행동으로 시끌벅적한 존재감을 드러내서 주목을 받을 때, 우리는 '큰 반향을 일으킨다'라는 의미로 '물을 튀기다$^{make\ a\ splash}$'라고 표현합니다. 첨벙 소리를 내면서 물을 튀기면, 사람들의 시선은 자연스레 그곳으로 향합니다. 무슨 일이 벌어졌는지, 누가 나타났는지 놓칠 수 없습니다.

그런데 공허가 주는 선물 중 하나는 침묵입니다. 아무도 우리의 등장을 알아차리지 못하는 가운데 우리는 묵묵히 맡은 일을 하고, 또 그 일에서 보상을 받으며 조용히 살아갑니다. 아무 소리도 내지 않은 채 끊임없이 흐르는 사건의 물줄기 속에 자연스럽게 스며듭니다. 삶이라는 연못에 뛰어들 때마다 굳이 소리를 낼 필요는 없습니다. 소란스럽지 않아도 깊고 단단하게 존재할 수 있습니다.

조용히 살아가려면 생각보다 많은 주의와 자각이 필요합니다. 누구나 자신이 하는 일로 인정받고 또 눈에 띄고 싶어 하거든요. 아이들은 사소한 성취에도 주목받고 싶어 합니다. 어른들은 그런 유치한 욕구에서 벗어났다고 생각하지만, 사실 그들 역시 주목과 인정을 갈망합니다.

나는 늘 우리가 칭찬을 바라는 마음을 인정하고, 또 가능하면 다른 이들에게도 아낌없이 칭찬을 건네는 게 중요하다고 생각해 왔습니다. 우리는 모두 인정받기를 간절히 원합니다. 아마도 현대 사회에서는 자신의 존재를 드러내고 제대로 인정받기가 어렵기 때문일 것입니다. 나는 치료사로서, 사람들이 받아 마땅하지만 놓쳐온 인정을 자주 건네줍니다. 그러면 그들은 금세 긴장을 풀고 더 안정감을 느끼며 새로운 도전에 과감히 뛰어들려 합니다.

하지만 전혀 인정받지 않더라도 의미 있는 일을 해내는 데서 깊은 만족감을 얻을 수도 있습니다. 문득 초등학교 4학년 때쯤 있었던 일이 떠오릅니다. 선생님에게 돌려받은 시험지에 붉은 잉크로 A+ 점수가 선명하게 적혀 있었습니다. 늘 그렇듯이 학교생활이 지루했던 나는 별생각 없이 그 시험지를 높이 들었습니다. 그러자 뒷자리에 앉아 있던 남자아이가 이렇게 말하더군요.

"너 A+ 받은 거 다 알아. 굳이 자랑할 필요 없잖아."

좋은 성적을 자랑할 의도가 전혀 없었기에 친구의 비꼬는 듯한 반응이 서운했습니다. 그 아이는 내가 잘난 체한다고 여겼지만, 정작 나는 성적에 어떤 감흥도 없었습니다. 학교가 싫었던 내게 점수는 아무런 의미도 없었습니다.

우리는 간혹 의도치 않게 물을 튀기고 '풍덩' 소리를 냅니다. 나는 대체로 조용한 편입니다. 관심이나 보상을 바라는 성격도 아닙니다. 그렇다고 겸손하다는 뜻은 아닙니다. 대중 강연자로서 자신을 드러낼 때가 많지만, 사람들의 주목을 받으면 여전히 불편합니다. 나는 그저 풀밭 사이를 조용히 걸어가듯, 아무 소리 없이 살아가고 싶습니다. 연못에 뛰어들지만, '풍덩' 소리는 남기지 않는 개구리처럼. 그러면 삶이 더 수월할 텐데요.

여운이 남는 미소

고양이는 앨리스를 보자 싱긋 웃기만 했다. 앨리스는 그런 고양이가 꽤 온순해 보인다고 생각했다. 그래도 길고 날카로운 발톱과 빼곡한 이빨이 있으니 조심스럽게 대해야 할 것 같았다.

"체셔 고양이야."

앨리스는 살짝 수줍게 말을 걸었다. 이 이름을 좋아할지 알 수 없었기 때문이다. 하지만 고양이는 더 씩 웃기만 했다. '좋아, 기분이 나쁘진 않은가 보네.' 앨리스는 안심하면서 다시 말을 이었다.

"내가 어디로 가야 할지 알려줄 수 있니?"

"그건 네가 어디로 가고 싶은지에 따라 다르지." 고양이가 대답했다.

"어디든 상관없는데…." 앨리스가 말했다.

"그렇다면 어느 길로 가든 상관없지." 고양이가 태연히 대답했다.

"… 그저 어디든 도착하기만 하면 되니까." 앨리스가 덧붙여 설명했다.

"아, 당연히 도착하지." 고양이가 말했다. "그만큼 오래 걷기만 한다면."

(…)

"오늘 여왕님과 크로켓 경기를 할 거니?"

"꼭 해보고 싶어." 앨리스가 대답했다. "하지만 난 아직 초대받지 못했어."

"거기서 날 보게 될 거야." 고양이가 말하더니 휙 사라졌다.

(…)

앨리스가 깜짝 놀라 고개를 들어보니, 고양이는 어느새 나뭇가지에 앉아 있었다.

"방금 '돼지^{pig}'라고 했어, 아니면 '무화과^{fig}'라고 했어?" 고양이가 물었다.

"'돼지'라고 했어." 앨리스가 대답했다. "그런데 제발 그렇게 갑자기 나타났다가 사라지지 않았으면 좋겠어. 너 때문에 어질어질하거든!"

"알겠어."

고양이가 말하며 이번에는 아주 천천히 사라지기 시작했다. 꼬리 끝부터 희미해지더니 마지막엔 미소만 남았다. 몸이 완전히 사라진 뒤에도 미소는 한동안 공중에 떠 있었다.

'고양이가 없는 미소라니!' 앨리스는 생각했다. '미소 없는 고양이는 많이 봤지만 고양이가 없는 미소라니! 내 평생 처음 보는 신기한 일이야!'[43]

루이스 캐럴*

....

* 1832~1898, 영국의 수학자, 동화 작가 논리학자. 독특한 상상력과 언어유희로 판타지 문학의 새로운 지평을 열었다.

체셔 고양이를 통해 우리는 기이한 공허를 마주합니다. 나타났다가 사라지지만, 미소가 남아 있으니 완전히 사라지진 않았지요. 그런 광경을 상상할 수 있나요? 루이스 캐럴은 불가능한 일을 마치 현실처럼 떠올리게 하면서 우리의 사고를 비틀어 놓습니다. 몸이 사라진 뒤에도 남아 있는 미소처럼, 그가 그려내는 세계는 '불가능과 가능'의 경계를 모호하게 합니다. 마치 앨런 왓츠가 죽음을, '일어서면서 허벅지 공간을 잃는 것'이라고 묘사했던 점과도 비슷합니다. 때로는 무엇이 실제로 존재하는지, 무엇이 단지 암시되는지조차 분간하기 어렵습니다.

앨리스 이야기에서 체셔 고양이는 소녀에게 방향을 알려주는데, 이는 이러한 공허에 색다른 의미를 부여합니다. 우리는 그 자리에 있는 듯하면서도 없는 누군가나 무언가에게 이끌릴 수 있습니다. 그 존재는 강렬한 인상을 남기지만 물리적으로는 그 자리에 있지 않습니다.

보이지 않는 존재는 중요한 형태의 공허를 나타냅니다. 특히 삶의 방향을 찾고 인도를 받는 과정에선 더욱 그렇습니다. 당신은 고양이가 사라진 뒤에도 그 미소를 볼 수 있어야 합니다. 눈에 보이지 않더라도 혹은 거의 보이지 않더라도, 그것을 인식할 수 있다면 우리에게 큰 도움이 됩니다.

고양이는 뮤즈나 예감, 직감, 다이몬 등 보이지 않는 안내자와 흡사합니다. 다들 우리 곁에 있는 듯하지만 온전히 존재하진 않습니다. 다이몬에 대한 논의는 수 세기 동안 이어져 왔으며, W. B. 예이츠, C. G. 융, 롤로 메이, 제임스 힐먼 같은 사상가들에게 찬사를 받았습니다. 그중에서도 이를 가장 먼저 탐구한 이들은 그리스 철학자 헤라클레이토스와 소크라테스였습니다.

다이몬이란 당신의 내면에서, 당신이 만나는 사람들 속에서, 혹은 세상 어딘가에서 느껴지는 보이지 않는 존재입니다. 나는 거의 매일 다이몬을 경험하는데, 예를 들면 집을 나서면서 무언가 깜빡 잊은 듯한 느낌이 들 때가 그렇습니다. 그런 경고를 무시하면 결국 후회하게 되죠. 다이몬은 더 직접적이고 심각한 방식으로 그 존재를 드러내기도 합니다. 때로는 친구나 동료의 모습으로 나타나기도 하고요. 그 순간 당신은 분명 옆 사람의 말을 듣고 있지만, 그게 다이몬의 목소리임을 깨닫게 됩니다. 그것은 고양이의 미소처럼 부분적으로만 보입니다.

대학 교수로 재직하던 시절, 어느 날 학과장이 내게 교수진 투표에서 내 종신직 임용을 거부하기로 했다고 하더군요. 그는 충격을 완화하려는 듯 한마디 덧붙였습니다.

"항소해도 됩니다."

하지만 나는 그의 목소리에서 다이몬의 기운을 감지하고 항소해 봤자 소용없다는 걸 알았습니다. 내 삶은 전혀 다른 길로 접어들고 있었습니다.

다이몬은 대체로 물리적 영역에선 보이지 않습니다. 어디에서 왔는지 알 수 없는 예감이나 망설임이 문득 찾아옵니다. 그러한 경고는 직관적이며, 영감은 예상치 못한 순간에 다가옵니다. 사람들은 흔히 샤워할 때 영감이 떠오른다고 합니다. 책상 앞이나 의자에 앉아 있을 때는 생각나지 않던 참신한 아이디어가 불현듯 떠오른다고요. 누군가는 다이몬이 주로 실수를 막기 위해 경고한다고 말합니다. 다른 누군가는 다이몬이 긍정적인 방식으로 영감을 불어넣기도 한다는 사실을 압니다.

  확실한 점은, 다이몬이 속삭일 때 귀를 기울여야 한다는 점입니다. 순탄하게 살고 싶으면 다이몬의 말을 따르세요. 물론 가끔은 무시하거나 거스를 수도 있습니다. 그렇다고 당장 큰일이 벌어지진 않습니다. 그러나 습관적으로 다이몬을 거스른다면, 삶은 방향을 잃고 실수로 가득 찰 것입니다. 그제야 당신은 일이 왜 이렇게 안 풀리는지 의아해할 것입니다. 이유는 분명합니다. 눈에 보이는 모든 도움마저 사라진 뒤에도 체셔 고양이의 미소처럼 끝까지 남아 있던 목소리, 당신은 그 목소리를 따르지 않았던 것입니다.

흐름을 따르라

✦

부드럽게 수행하라. 그 방법을 거친 폭포가 아니라 가느다란 은빛 물줄기라고 생각하라. 그 흐름을 따라가고 그 길을 믿으라. 물줄기는 제 길을 찾아 나아가며, 때로는 굽이치고 때로는 졸졸 흐를 것이다. 가느다란 골을 따라 흐르고, 작은 틈을 파고들며, 결국 깊은 균열 속까지 스며들 것이다. 그 흐름을 그냥 따라가라. 절대로 놓치지 말라. 그러면 그 흐름이 당신을 인도할 것이다.[44]

성엄*

....

* 聖嚴, 1930~2009, 대만 출신의 불교 승려, 선사(禪師), 학자이자 선 수행 지도자. 중국 선불교의 계승자로서, 전통적 선 수행과 현대적 해석을 결합하여 서양과 동양에 선불교를 널리 알렸다.

―

"부드럽게 수행하라."

현대 선禪 사상가인 성엄 선사의 이 가르침은 영적, 심리적 평온을 위한 수행을 시작할 때 기억하면 좋은 지침입니다. 너무 애쓰지 마세요. 너무 심각하게 받아들이지 마세요. 그것을 구원의 길로 여기지도 마세요.

부드러움은 비움으로 가는 길입니다. 가장 중요한 깨달음은 삶을 억지로 밀어붙이지 않는 것일지도 모릅니다. 삶 그 자체, 즉 당신이라는 존재의 근원보다 더 지혜롭고 더 많이 안다고 착각하지 마세요. 흐름을 거스르지 마세요. 앞으로 나서기보다는 따라가고, 요구하기보다는 순응하세요.

당신의 의지와 의도를 비우세요. 지나온 삶을 돌아보면, 언제나 당신의 본성과 소명에 가장 가까운 길로 이끌려 왔음을 알게 될 것입니다. 당신 스스로 한 일이 아닙니다. 사실 어디에 도달했다 해도, 스스로 이룬 것은 하나도 없습니다. 당신은 지금의 모습으로 빚어졌습니다. 삶은 선물이

자 정교한 작품입니다. 곤충과 나비와 사자, 나무와 풀과 꽃, 비와 구름과 눈까지, 수많은 생명의 축적된 지혜가 당신을 이루었습니다. 그 지혜는 아름다움과 분리될 수 없으며, 당신의 존재 속에 스며들었습니다. 당신은 그 흐름의 일부입니다. 우주의 로고스, 그 거대한 질서 속에 녹아 있습니다. 억지로 붙잡고 밀어붙일 필요가 없습니다. 진정한 능력은 흐름을 따르고 순응하는 데 있습니다.

배워야 할 교훈이 딱 하나 있다면, 흐름을 따르는 것입니다. 굽이치고 막히고 때로는 넘쳐흐르더라도 그대로 따라가세요. 그 흐름이야말로 삶의 원천입니다. 당신의 존재를 그려내고 당신의 이야기를 만들어온 물줄기를 알아차리세요. 당신은 그 흐름에서 태어났습니다. 단 한 순간도 멈추지 않고 끊임없이 흘러갑니다. 예측할 수도 없으며, 어느 교리나 가르침 속에 갇혀 있지도 않습니다.

누군가 당신에게 어떻게 사느냐고 묻는다면, 이렇게 답할 수도 있을 것입니다.

"나는 흐름을 따릅니다."

그렇다고 내가 내 삶의 흐름은 아닙니다. 그러나 그 흐름을 바라보고 신뢰하는 동안 내 삶은 스스로 형태를 찾아갑니다. 나는 내가 가고 싶은 곳으로 가지 않습니다. 그저 흐름이 이끄는 곳으로 따라갑니다. 그렇게 따를 때 진정한 힘이 생깁니다. 하지만 내 뜻대로 가려 하면, 그것은 힘이 아닙니다. 힘이라 부를 가치조차 없는, 그저 통제일 뿐입니다.

나는 창조하거나 생산하는 근육이 아니라 따르고 순응하는 근육을 길러왔습니다. 어쩌다 흐름을 볼 수 있는 특별한 눈을 가졌기에, 내가 어디로 향하는지 알 수 있습니다. 그 흐름을 신뢰하면 마음이 안정되고 정체성이 생깁니다. 스스로 삶을 빚어내진 않았지만, 그래도 나는 강한 사람입니다. 흐름을 향한 애정이 내 삶에 윤곽과 목적을 부여했습니다. 나는 비어 있습니다. 그 덕분에 한 줄기 실개천이 그려내는 길조차 따라갈 수 있습니다.

민머리

✦

새벽빛 아래, 점점 가늘어지는 머리카락을 보니 서글펐다.

저녁노을 속에서, 거의 사라져버린 머리칼을 보니 다시금 서글펐다.

언젠가 마지막 한 올마저 떨어질 날을 떠올리기조차 싫었다.

그러나 이제, 다 사라지고 나니 아무렇지도 않다.

감고 말릴 걱정도 없고,

귀찮게 빗질할 필요도 없다.

무엇보다, 눅눅하고 무더운 날에도

머리를 짓누르던 상투가 사라져 홀가분하다.

때 묻은 두건을 내던지고,

이제는 은빛 항아리에 찬물을 담아둔다.

그 물을 한 그릇 떠,

민머리에 천천히 부어내린다.

뒤로 누워서 시원하고 기분 좋은 물줄기를 느끼니,

부처의 법수法水로 씻기는 듯하다.

이제야 알겠다.

왜 승려는 가장 먼저 머리를 밀며,

그 순간 마음의 평안을 얻는지.[45]

백거이*

―

 민머리는 흔한 광경이기에, 이를 성스러운 공허의 상징으로 보려면 약간의 상상력이 필요할 것입니다. 하지만 백거이의 9세기 중국 고전 시는 민머리를 깨달음의 표상으로 바라봅니다. 물론 백거이가 처음은 아니었습니다. 미드

....
* 白居易, 772~846. 중국 당나라 때 시인. 3,000여 편에 달하는 시를 남겼다.

라시^{Midrash}, 즉 구약 성서에 대한 유대교 주석에도 요나^{Jonah} 선지자가 고래의 배 속에서 발생한 열기로 머리카락을 잃었다고 나옵니다. 칼 융 또한 영웅의 굴곡진 여정이 뜨거운 내적 에너지를 생성해 영웅의 머리카락을 빠지게 한다고 설명합니다.

백거이는 민머리가 되고 나서 수도승의 심정을 알아차립니다. 수도승의 머리는 부분적이거나 완전히 밀려 있습니다. 이 시에서 머리카락은 마음의 산물 즉 생각, 관념, 의도, 의지를 상징합니다. 그러나 수도자가 되는 순간, 온갖 생각과 의지는 공동체의 삶과 가르침에 맡기지요. 그들은 머릿속에서 잡념을 몰아내고 걱정마저 깎아내는 법을 배웁니다.

백거이는 머리카락이 없으면 삶이 한결 단순해진다는 사실을 깨닫습니다. 하지만 이는 단순함을 넘어, 수도자의 생활처럼 더 깊고 영적인 삶이기도 합니다. 그의 이야기에는 공허의 또 다른 면모가 나타납니다. 바로 그 가치를 서서히 단계적으로 발견한다는 점이죠. 오랜 시간이 지나고 나서야, 이것이 수도자의 삶임을 깨닫고 그 안에서 우리도 어느새 더 깊은 영성으로 나아갑니다.

처음에 요나는 니느웨(니네베) 시를 도우라는 신의 지시를 피해 익숙하고 편안한 삶으로 돌아가려 했습니다. 하늘의 뜻을 거스르며 바다로 나가 운명을 피하려 했지만 결국 고래의 뜨거운 배 속에 갇히고 말죠. 그곳에서 머리카락이 빠지는 경험을 합니다. 그것은 단순한 벌이 아니라 신을 진실로 경외하는 사람으로 거듭나는 과정이었습니다.

요나는 더 위대한 의지, 즉 삶 자체의 의지를 따를 때 비로소 의미 있는 방향을 찾을 수 있음을 깨달았습니다. 그런 의미에서 우리는 모두 요나와 같습니다. 하찮은 자기 의지를 내세우려 하지만, 결국 더 큰 섭리가 존재함을 힘겹게 배웁니다. 머리카락을 잃고 마음을 비우며, 마침내 민머리가 되어야 비로소 하늘의 목소리를 들을 준비가 됩니다.

자기 고집을 내려놓으면 삶이 한결 수월해집니다. 그러나 더 중요한 것은, 그 과정에서 수도자의 길을 발견한다는 점입니다. 우리는 모두 수도자가 되도록 부름을 받았지만 그 사실을 깨닫지 못할 뿐입니다. 누구나 그렇습니다. 우리는 모두 머리를 깎고 수많은 계획과 욕망을 덜어내야 합니다. 삶이 우리를 자연스럽게 빚어 가도록 맡겨야 합니다. 무엇보다도 머리를 덮고 있는 '머리카락', 즉 하늘과 우리 사이를 가로막는 온갖 생각과 욕망과 뒤엉킨 기억을 제거해야 합니다.

미국 남서부의 호피^{Hopi}족은 조상들이 정수리에 작은 문을 가지고 있었으며, 길을 찾아야 할 때 그 문을 열었다는 이야기를 전합니다. 삭발이나 정수리 일부를 미는 전통은 그러한 의미를 상징합니다. 우리는 영원의 세계에서 오는 깨달음과 가르침을 받아들이기 위해 마음을 열어 두어야 합니다. 언제든 길을 안내받을 수 있도록 마음을 흩트리는 '머리카락'을 제거해야 합니다. 삭발한 머리는 더 깊은 영성을 상징하며, 신성한 영감을 받을 준비를 마쳤다는 표시입니다.

신기한 가게

✦

지도에선 찾을 수 없겠지만, 인내심을 발휘해 찬찬히 살펴보면 플레전트 베이Pleasant Bay라는 작은 마을을 발견할 것입니다. 마을 입구의 환영 표지판에는 1780년에 설립되었다고 적혀 있습니다. 이곳은 올리언스와 채텀 사이*, 케이프 코드의 갈고리 모양 반도 중간쯤, 28번 도로에서 조금 벗어난 곳에 자리 잡고 있습니다.

내 사촌 엘리자베스는 좀체 믿기 어려운 이야기를 들려주지만, 눈을 크게 뜨고서 진지한 얼굴로 말하는 모습을 보면 누구든 가볍게 넘길 수 없습니다. 방금 플레전트 베이

....
* 올리언스는 케이프 코드 동부에 있는 작은 해안 마을로, 역사 유산과 아름다운 해변으로 유명하다. 채텀은 케이프 코드 남동쪽 끝자락에 있는 마을로, 등대와 고풍스러운 도심, 자연 보호구역 등이 있는 인기 관광지다.—옮긴이.

마을을 지도에서 찾을 수 없다고 말했죠. 그런데 엘리자베스는 열네 살 때 그 마을을 처음 방문했다고 이야기합니다. 당시 그녀는 학교 과제로 '스콴토Squanto'에 대한 보고서를 작성하고 있었습니다. 스콴토는 유럽인들이 이 대륙에 처음 왔을 때 잘 정착하도록 도와준 원주민으로, 플레전트 베이 지역에서 주로 활동하고 마을에서 멀지 않은 곳에 묻혔다고 전해집니다.

엘리자베스는 플레전트 베이 끝자락에 사는 키티 이모 댁에 머물고 있었습니다. 어느 날, 마을의 아기자기한 거리를 거닐며 작은 가판대에서 아이스크림을 하나 사 먹었습니다. 그러다 마을 중심부, 아담한 상점이 늘어선 거리에서 특별한 건물을 발견했습니다. 간판에는 고풍스러운 글씨체로 '신기한 가게'라고 적혀 있었습니다. 창문 너머로 보이는 가게 안에는 눈길을 사로잡는 물건이 가득했습니다. 꼭두각시 인형, 모형 돛단배, 섬뜩한 가면, 낡은 책과 지도 그리고 옛 무도회나 중요한 모임을 위해 제작된 듯한 화려한 의상들이 진열되어 있었습니다. 그중에서도 상아색 레이스 드레스가 그녀의 눈길을 확 끌었습니다. 크기도 딱 맞을 것 같았고 취향에도 꼭 맞았습니다.

가게에 들어서자 오래된 나무 바닥과 여러 겹 덧발라진 벽지에서 풍기는 눅눅한 냄새가 코끝을 스쳤습니다. 정교하게 조각된 나무 카운터 뒤에는 안경을 쓴 점원이 조용히 서 있었습니다. 점원 뒤편과 가게 곳곳에는 시대를 훌쩍 거슬러 올라간 우아한 의상들, 섬세하게 만든 집과 다리 모형, 입을 쩍 벌린 꼭두각시 인형, 상태도 주제도 제각각인 책들이 빼곡하게 진열되어 있었습니다.

엘리자베스는 마음에 든 드레스의 가격을 물어볼 생각이었습니다. 하지만 점원은 마치 조각상처럼 꼼짝도 하지 않은 채 정면만 바라보고 있었습니다. 발그레한 볼과 로제와인빛 머리를 한, 생기 있어 보이는 중년 여성이었습니다.

"실례합니다." 엘리자베스가 조심스럽게 말을 건넸습니다. "저기 진열장에 걸린 상아색 드레스의 가격을 알 수 있을까요?"

그 순간, 점원은 마치 얼음이 녹듯 부드럽게 움직이며 엘리자베스를 향해 환하게 웃었습니다.

"가격?" 그녀가 되물었습니다. "여긴 가격이 없단다. 우리는 물건에 값을 매기지 않거든. 그 드레스가 마음에 들면 그냥 가져가. 단 진심으로 원해야 한단다."

"하지만 공짜로 받을 순 없어요. 우린 서로 잘 모르잖아요."

"지금 서로 알아가고 있잖아. 어쨌든 이 가게는 소원을 이뤄주는 곳이야. 대가를 받으면 마법이 깨질 거야, 그렇지 않겠니?"

"아, 그렇겠네요." 엘리자베스가 공감하듯 고개를 끄덕였습니다.

그 사이 점원은 이미 진열장에서 드레스를 꺼내 정성스레 포장하기 시작했습니다. 엘리자베스는 소중한 드레스가 담긴 꾸러미를 들고 집으로 돌아왔습니다. 그리고 곧장 키티 이모에게 자랑하듯 내보였습니다.

"이 드레스를 어떻게 샀니?" 이모가 놀란 얼굴로 물었습니다. "이런 걸 살 만한 돈이 없었잖아?"

"플레전트 베이 마을에 있는 아주 멋진 가게에서 찾아냈어요. 그곳에선 돈이 없어도 진심으로 원하면 뭐든 가질 수 있어요."

"플레전트 베이 마을? 플레전트 베이에는 마을이 없어. 어디 다른 곳과 착각했나 보구나. 네가 말한 곳은 아마 채텀일 거야."

"이모, 나랑 같이 가서 확인해 보세요."

엘리자베스는 키티 이모의 손을 잡고 아까 걸어갔던 길을 다시 찾아갔습니다. 그런데 그들이 만난 풍경은 전혀 달랐습니다. 마을이 있으리라고 기대했던 그곳엔 아무것도 없었습니다. 단지 모래밭과 황량한 해변 그리고 낡은 오두막 한 채가 덩그러니 서 있을 뿐이었습니다. 오두막의 겉모습은 아까 봤던 신기한 가게와 닮아 있었지만, 창문을 들여다보자 안에는 텅 비어 있었습니다.

때마침 해변에서 연갈색 머리를 한 젊은 여성이 다가왔습니다. 엘리자베스는 어딘가 낯이 익은 듯해서 얼른 다가가 물었습니다.

"이 근처에 골동품과 오래된 옷을 파는 가게가 있나요?"

"그런 건 없는데요." 여성이 말했습니다. "그렇지만 재미있네요. 언젠가 이 지역이 더 안정되면, 우리 오빠가 바로 여기에 신기한 가게를 열어볼까 진지하게 생각하고 있거든요. 이 낡은 오두막을 확장할 생각도 하고 있대요."

"하지만 지금은 비어 있죠, 그렇죠?" 엘리자베스로서는 결코 그냥 던진 질문이 아니었습니다.

"물론 텅 비어 있죠." 젊은 여성이 말했습니다.

"아무래도 네가 꿈을 꾸었나 보다." 집으로 돌아가는 길에 키티 이모가 말했습니다.

"하지만 드레스가 있잖아요. 이모도 봤잖아요."

"거참 이상하구나." 이모가 고개를 갸웃거리며 말했습니다.

―

삶을 달콤하고 풍요롭게 만드는 공허와, 평범한 일상에

서 문득 마주하는 신비로운 순간 사이에는 묘한 연결점이 있습니다.

나는 열아홉 살 때 아일랜드로 철학을 공부하러 갔습니다. 도착한 지 얼마 되지 않아, 홀로 시골길을 따라 걸으며 그곳 풍경에 금세 매료되었습니다. 오래전부터 아일랜드는 마법이 깃든 땅이라고 생각했거든요.

한참을 걷다 보니 나무가 우거진 작은 숲이 눈에 들어왔습니다. 이곳에선 그런 숲을 잡목림이라는 뜻으로 '코프스copse'라고 불렀습니다. 돌담으로 둘러싸인 그 숲은 묘하게 사람을 끌어당겼습니다. 호기심이 동한 나는 도로를 벗어나 그곳으로 다가갔습니다. 바로 그때 어디선가 작은 체구의 백발노인이 불쑥 나타나 단호한 목소리로 말했습니다.

"저 나무들 근처엔 가지 않는 게 좋아. 요정들의 요새니까. 요정이 사람들에게 호의적이라고 생각하면 큰 오산이야. 아예 얼씬도 하지 말게."

나는 나무들을 더 자세히 바라본 뒤, 하나도 안 무섭다고 말하려 고개를 돌렸습니다. 그런데 노인은 이미 사라지고 없었습니다. 나는 다시 도로로 나와서 걸음을 재촉했습니다. 지금까지도 그 일이 실제로 일어났는지 알 수 없습니다. 어쩌면 꿈이었을지도 모릅니다. 오랜 시간이 지나 돌아보면, 그 경험이 현실이었는지 아니면 꿈이었는지 분명하지 않을 때가 있습니다.

플레전트 베이 이야기에서, 신기한 물건으로 가득 차 있던 가게가 사라지고 그 자리에 텅 빈 오두막만 남아 있다는 사실은 다소 충격적으로 다가옵니다. 그 완전한 공허는 무엇이 현실이고 무엇이 환상인지 고민하게 합니다. 우리는 꿈과 현실 사이, 그 아슬아슬한 경계에 서 있습니다. 이 이야기는 '공허'의 경험이 우리를 경이로운 곳으로 이끌 수 있음을 시사합니다. 그곳에서 우리는 삶이 또 다른 가능성으로 확장될 수 있음을 깨닫습니다. 하지만 그 가능성이 꼭 현실일 필요는 없습니다.

엘리자베스의 드레스는 현실과 상상의 경계가 반드시 명확하진 않다는 사실을 보여줍니다. 우리는 그저 진심으로 궁금해하고, 열린 마음으로 또 다른 가능성을 받아들이면 됩니다. 만약 그 텅 빈 오두막조차 존재하지 않았다면, 우리는 현실과 상상의 중간 지대로 가는 길을 찾지 못했을지도 모릅니다. 그렇다면 참으로 안타까운 일이지요.

텅 빈 건물

✦

도심의 한 공원에서 산부인과 의사, 인류학자, 수학자가 잔디밭에 앉아 식사하고 있었다. 그러던 중 그들은 길 건너편 건물로 두 사람이 들어가는 모습을 보았다.

잠시 후, 건물에서 세 사람이 나왔다.

산부인과 의사가 말했다.

"아이를 낳았나 보네."

인류학자가 말했다.

"아무래도 통계적 오류인가 봐."

잠시 침묵이 흐른 뒤, 수학자가 입을 열었다.

"만약 한 사람이 더 들어가면, 저 건물은 텅 비게 되겠군." (건물 입장에서, +2-3+1=0이 된다.-옮긴이)

―

 다양한 방식으로 변주되어 전해지는 이 오래된 농담은 마치 철학적 신비를 품은 듯한 착각을 불러일으킵니다. 그와 동시에, 공허의 개념을 새로운 시각에서 바라볼 기회를 제공합니다. 비움은 무조건 덜어내야만 이루어지는 게 아닙니다. 때로는 무언가를 더함으로써 완성되기도 합니다. 실제로 많은 사람이 '공空'을 깨닫기 위해 반야심경을 외우거나 서예에 몰두합니다. 이 모든 과정은 '비움'을 이루기 위한 또 하나의 '채움'인지도 모릅니다.

 공허는 단순히 없애는 것이 아니라, 어떤 방식으로 계산하고 균형을 맞추느냐에 따라 달라지기도 합니다. 단지 무언가를 덜어낸다고 해서 꼭 비워지지는 않습니다. 예를 들어 넉넉하고 편안한 삶을 살며 원하는 것을 충분히 가졌더라도, 그것에 집착하지 않고 더 바라지 않는다면, 그 사람은 이미 비움을 실천하고 있는 셈입니다. 반대로 무언가를 갖지 못한 사람이 온통 결핍과 욕망에 사로잡혀 있다면,

그 사람은 오히려 비움과 거리가 먼 상태일지도 모릅니다.

어떤 사람은 상실을 겪으면 주변의 관심과 보살핌을 기대합니다. 어떤 사람은 약자를 자처하며 그 역할을 즐기거나 때로는 악용하기도 합니다. 또 어떤 사람은 명상과 단순한 삶을 실천하며 스스로 공허를 깨달았다고 자부하기도 합니다. 하지만 그런 자부심이야말로 공허의 본질을 무너뜨립니다.

공허는 단순히 무언가를 더하거나 빼는 문제가 아닙니다. 수학적 계산으로 이해할 수 있는 개념도 아닙니다. 공허는 마음과 인격의 깊이에서 비롯되는 삶의 태도입니다.

어느 날, 나는 친구 제임스 힐먼의 집을 방문했습니다. 우리는 뜨거운 욕조에 몸을 담근 채, 몽롱한 상태에서 한참 동안 이런저런 이야기를 나누었습니다. 그러다 제임스가 자기 가슴을 가리키며 못마땅한 표정으로 말했습니다.

"이보게, 나한테 가슴이 생겼다네. 이걸 도무지 없앨 수가 없다니까."

그때 제임스의 나이가 여든쯤이었습니다.

"그런 걸 뭐 그리 신경 쓰나? 나이 들면 자연스레 생기는 건데."

사실 제임스는 전혀 노인처럼 보이지 않았습니다. 태도나 분위기에선 여전히 젊은 기운이 가득했습니다.

"굳이 걱정할 일은 아닐세. 정말 중요한 부분에서 자네는 여전히 놀랍도록 젊으니까."

그 순간, 나는 그의 처진 가슴을 보며 '한 사람이 더 들어가면 저 건물은 텅 비게 되겠군'이라던 수학자의 말이 떠올랐습니다.

내가 수도자의 삶에 대한 명상록에 적었듯이[46], 영적인 길을 걷는 사람들은 간혹 유혹을 유혹으로 인식하지 못한 채 빠져듭니다. 예를 들어 수도자는 자신이 고독한 삶을 선택했다는 이유만으로 남들보다 우월하다고 생각할 수 있습니다. 하지만 자신이 남들보다 낫다고 생각하는 순간, 공허는 사라집니다. 때로는 자신이 남들보다 못하다고 여기는 생각도 같은 결과를 낳습니다. 애초에 그런 비교 자체를 삼가는 편이 훨씬 낫습니다.

그러니 삶이 영적으로 비어 있는지 확인하려고 자신이 가진 좋은 것들의 개수를 헤아리지 마세요. 숫자를 센다고 답을 찾을 수 없습니다. 그보다는 마음 깊은 곳에서 무엇을 느끼는지 들여다보세요. 은근한 자부심이나 끊임없는 갈망에서 벗어나 있나요? 무언가를 이루어야 한다는 집착이나 성취에 대한 인정과 찬사를 받고 싶은 마음은 없나요? 영적 공허를 성찰하려 한다면, 이런 질문이 더 의미 있을 것입니다. 그러나 이런 질문들조차 결국 비워야 할 대상이며, 어쩌면 그리 중요한 문제가 아닐 수도 있습니다.

후기

 우리가 말하는 공허는 신비로우면서 동시에 깊고도 단순한 개념입니다. 영적인 영역에서 공허란 자신의 신념과 이해에 지나치게 얽매이지 않을 때, 모든 일을 곧이곧대로 받아들이기보다 은유와 상징으로 바라볼 때, 소유물과 분주함에 짓눌리지 않고 단순하게 살아갈 때 자연스럽게 드러납니다.

 일상에서 공허란, 책상을 정리하고 집을 깨끗이 청소하며 불필요한 것들을 덜어내고 단순한 아름다움을 추구하는 것일 수도 있습니다. 혹은 활동이나 사람이나 목표로 삶을 가득 채우지 않는 것을 의미할 수도 있습니다. 우리는 내면과 외면, 사고방식과 생활방식에서 모두 비움의 상태에 이를 수 있습니다.

 우리는 상실로 인해 생긴 빈자리를 어떻게든 채우려 합

니다. 너무 많이 먹거나 불필요한 물건을 사들이거나 외로움을 피하려고 사람들 속에 파묻히곤 합니다. 하지만 다른 선택지도 있습니다. 상실 속에서 영적인 공허를 발견하고 온전히 받아들이며, 그 공허를 결핍이 아니라 자신을 성장시키는 과정으로 바꾸는 것입니다. 삶은 채우는 만큼 비워내야 합니다. 모든 상실을 비극으로 받아들일 필요는 없습니다. 어쩌면 자연스러운 삶의 리듬, 받아들이고 놓아 보내는 흐름의 일부입니다.

일상에서 공허를 긍정적인 요소로 받아들이면 이전과는 다른 사람이 될 수 있습니다. 무언가를 잃게 되더라도 크게 불안하지 않을 것입니다. 우리는 간혹 운명과 감정을 마주하기 두려워 일부러 바쁘게 지냅니다. 하지만 그런 분주함은 진정한 일을 외면하는 방식일지도 모릅니다. 바쁠 때보다 차분히 집중할 때 더 좋은 성과를 냅니다. 분주함은 능동적인 삶과 다릅니다. 계속 무언가를 하고 있지만 정작 깊이 생각하고 대화할 여지를 남기지 않습니다. 진정한 생산성은 사색과 대화에서 비롯됩니다.

이제 사람들은 당신을 만나면, 편안하고 느긋한 태도에서 자연스러운 여유를 느낄 것입니다. 불안해하지 않는 당신을 보고 더 친근하게 다가갈 수 있습니다. 당신 안에는 사람들이 들어올 수 있는 공간이 생겼고, 그 덕에 그들은 당신을 방해하거나 흐름을 끊는다는 부담 없이 다가올 수 있습니다. 이런 식의 비움은 인간관계를 원활하게 해주고, 나아가 부부 사이에도 긍정적인 영향을 줄 수 있습니다.

당신 안에 오아시스처럼 휴식과 충전을 위한 공간이 있다면 더 행복한 삶을 누릴 수 있습니다. 여행 중에 아름다운 산이나 호수를 만나면, 서둘러 지나치지 않고 잠시 멈춰 바라볼 수 있습니다. 관심이 필요한 아이를 보면, 하던 일을 내려놓고 기꺼이 손을 내밀 수 있습니다. 그냥 의자에 앉아 쉬고 싶을 때도, 끊임없이 무언가를 해야 한다는 강박에서 벗어나 느긋하게 쉴 수 있습니다.

당신의 삶을 공원과 해변과 산길로 가득한 공간이라고 생각해 보세요. 문자 그대로의 의미가 아니라, 하루를 보내는 방식을 비유적으로 표현한 것입니다. 하루 일정에 창과

문을 만들어 두면, 갇혀 있다고 느끼지 않을 것입니다. 이제 당신은 비움을 길러나가는 게 얼마나 중요한지 알았기 때문입니다.

마음속에도 편히 쉴 수 있는 빈 의자를 준비하세요. 그래야 사람들이 다가왔을 때 따뜻하게 환대받을 자리가 생깁니다. 머릿속에도 여유로운 공간을 남겨두세요. 그래야 새로운 생각이 떠올랐을 때 선뜻 받아들일 수 있습니다. 비워두세요. 그래야 삶이 자연스럽게 흘러갈 수 있습니다.

공허는 심오한 영적 성취일 수도 있고, 평범한 일상에서 순간순간 이루어질 수도 있습니다. 이 둘은 서로 연결되어 있습니다. 한 시간의 여유가 깊은 깨달음을 불러올 수도 있기 때문입니다. 삶 속에 공허를 받아들이고자 한다면《반야심경》이 좋은 길잡이가 될 수 있습니다. 모든 것은 공空하기에 무한한 의미로 열려 있습니다. 공허마저도 비어 있어서 우리의 존재와 삶에 깊은 울림을 줄 수 있습니다.

감사의 글

나는 오랫동안 공허라는 개념에 관심이 많았습니다. 그 시작은 수십 년 전, 로이 아모르Roy Amore 교수와 함께한 동양 종교에 관한 독립 연구였습니다. 그 연구를 계기로 사고의 지평이 넓어졌고, 학문적으로 깊이 탐구하게 되었습니다. 이후 휴스턴 스미스Huston Smith의 주선으로 선승들과 교류하면서, 그들을 통해 일상에서 공허를 받아들이는 법을 배울 수 있었습니다. 최근에는 아내 조안 핸리Joan Hanley가 선禪 공동체에 참가하면서, 내 작업 전체를 '공空'의 관점에서 바라보도록 영감을 주었습니다. 딸 쇼반Siobhán은 이러한 개념을 깊이 이해하고 있으며, 언제나 내게 영감을 주는 존재입니다. 쇼반과 함께 의붓아들 에이브러햄 벤드하임Abraham Bendheim도 다양한 방식으로 나를 도와주었고, 특히 이 책을 완성하는 데 큰 힘이 되어 주었습니다.

예전에 대학에서 학생들을 가르칠 때, 나는 종종 프레드 스트렝Fred Streng과 라켓볼을 쳤습니다. 공허에 관한 고전적 저서를 발표한 그에게, 경기 중에도 '공허'가 대체 뭐냐고 계속 물었습니다. 그는 매번 연기緣起(불교에서 가장 중요한 철학적 개념 중 하나로, 모든 현상은 서로 의존하고 연결되어 존재한다는 이치. 어떠한 존재도 독립적으로 존재하지 않으며 죄다 다른 요소들과의 관계 속에서 형성된다는 원리를 말한다.-옮긴이)라고 답했지만, 솔직히 그 말이 내게 큰 깨달음을 주지는 않았습니다. 게다가 그는 지는 것을 무척 싫어했는데, 그런 태도가 공허와는 거리가 있다고 생각했습니다. 하지만 나는 그와의 우정을 소중히 여겼고 그의 학문적 업적을 깊이 존경했습니다.

다른 저자들도 각자의 책을 통해 공허에 대한 가르침을 전해주었습니다. 특히 스즈키 순류, 도널드 로페즈, 데이비드 채드윅에게 많은 영향을 받았습니다. 데이비드는 언제나 재치 넘치는 대화 속에서 공허의 의미를 자연스럽게 전해주었습니다. 같은 맥락에서, 선禪의 정신을 실천하며 한없이 너그러운 삶을 살아가는 에드 워너Ed Werner에게도 깊이 감사드립니다. 오랜 친구 팻 투메이$^{Pat\ Toomay}$에게도 고마운 마음을 전하고 싶습니다. 그는 자연과 가까이하며, 열린 마음으로 삶을 받아들이는 태도를 통해 공허의 의미를 몸소 보여줍니다.

마지막으로, 뉴월드라이브러리의 조지아 휴즈$^{Georgia\ Hughes}$와 그녀의 팀에게 감사의 마음을 전합니다. 그들의 유연하면서도 능숙한 전문성 덕분에 이 책이 완성될 수 있었습니다. 여기서 '유연함'은 부드러운 형태의 공허라고 할 수 있습니다. 특히 작가에게 가장 훌륭한 편집자가 되어준 크리스틴 캐시먼$^{Kristen\ Cashman}$에게 깊이 감사드립니다.

이분들 모두 공허가 어떻게 삶을 더 아름답고 의미 있게 해주는지 몸소 보여주었습니다.

참고문헌

1. 헨리 데이비드 소로의 일기에서 발췌한 내용을 주석과 함께 엮은 책, *I to Myself*, ed. Jeffrey S. Cramer (New Haven, CT: Yale University Press, 2007), 98–99.
2. 책 전반에서 나스루딘의 이야기는 다음과 같은 책과 여러 출처에서 각색하여 인용했다. Idries Shah, *Tales of the Dervishes* (New York: Dutton, 1967); James Fadiman & Robert Frager, *Essential Sufism* (Edison, NJ: Castle Books, 1997); and other informal sources.
3. 일본의 전통 설화에서 각색하여 인용했다.
4. 노자의 《도덕경》 11장에서 각색하여 인용했다. *Tao Te Ching*, trans. Gia-Fu Feng and Jane English with Toinette Lippe (New York: Vintage Books, 2011).
5. 도마복음 제97절에서 각색하여 인용했다.
6. 료칸의 시선집에서 각색하여 인용했다. *Between the Floating Mist: Poems of Ryokan*, trans. Dennis Maloney and Hide Oshiro (Buffalo, NY: Springhouse Editions, 1992), n.p.
7. 스즈키 순류 《선심 초심》(정창영 옮김, 김영사, 2013). *Zen Mind, Beginner's Mind*, ed. Trudy Dixon (New York: Weatherhill, 1973), 108–9.
8. 오스카 와일드 《진지함의 중요성》(권혁 옮김, 돋을새김, 2023), *The Importance of Being Earnest: A Trivial Comedy for Serious People*

(London: Leonard Smithers and Co., 1912), 2, 7, 20, 21.

9. 조지프 캠벨 《신의 가면》(까치글방, 1999), *The Masks of God: Creative Mythology* (New York: Viking Press, 1968), 26–27.

10. 피에르 테야르 드 샤르댕, *The Divine Milieu* (New York: Harper Perennial, 1975), 87.

11. 토마스 무어, *Gospel: The Book of John*, trans. Thomas Moore (Nashville: Skylight Paths, 2018), 18–19.

12. 요한행전(Acts of John)은 2세기경에 작성된 신약 외경으로, 사도 요한의 여행과 기적을 다루고 있다. trans. Richard I. Pervo and Julian V. Hills (Salem, OR: Polebridge Press, 2015), 94, 97.

13. 전통 설화에서 각색하여 인용했다.

14. 제임스 힐먼 《나이듦의 철학》(이세진 옮김, 청미, 2022), *The Force of Character* (1999; repr., New York: Ballantine, 2000), 202.

15. 앨런 왓츠, *The Way of Zen* (1957; repr., New York: Vintage, 2011), 56.

16. 토마스 무어, *Gospel: The Book of Luke*, trans. Thomas Moore (Nashville, TN: Skylight Paths, 2017), 170–71.

17. 장자의 유명한 말에서 각색하여 인용했다.

18. 월리스 스티븐스, "Adagia," II, in *Opus Posthumous* (New York: Vintage, 1989), 198.

19. 다음 책에서 각색하여 인용했다. *The Complete Works of Chuang Tzu*, trans. Burton Watson (New York: Columbia University Press, 1968), 302.

20. 로버트 프로스트, "The Road Not Taken," Poetry Foundation, accessed December 22, 2022, https://www.poetryfoundation.org/poems/44272/the-road-not-taken.

21. 월트 휘트먼, "To the Sayers of Words," in *Poems by Walt Whitman*, ed. William Michael Rossetti (London: Chatto & Windus, 1901), 250.

22. 제임스 힐먼, *Revisioning Psychology* (New York: HarperCollins, 1975), 9.

23. C. P. Cavafy, *The Complete Poems of Cavafy*, trans. Rae Dalven (San Diego, CA: Harvest/Harcourt, 1976), 36–37.

24. 중국 전통 설화에서 각색하여 인용했다.

25. 비나비 바다흐샤니, in *The Drunken Universe: An Anthology of Persian Sufi Poetry*, trans. Peter Lamborn Wilson and Nasrollah Pourjavady (Grand Rapids, MI: Phanes Press, 1987), 95.

26. Thomas Wentworth Higginson, "Emily Dickinson's Letters," *Atlantic Monthly*, October 1891, https://www.theatlantic.com/magazine/archive/1891/10/emily-dickinsons-letters/306524.

27. 테이신, "Gone Away," in *Between the Floating Mist*, n.p.

28. Adapted from Paul Repps, "Zen Flesh, Zen Bones," in *The World of Zen: An East-West Anthology*, ed. Nancy Wilson Ross (New York: Vintage Books, 1960), 77–78.

29. 헨리 데이비드 소로의 1859년 10월 4일자 일기에서 발췌한 내용을 주석과 함께 엮은 책, *I to Myself: An Annotated Selection from the Journal of Henry D. Thoreau*, ed. Jeffrey S. Cramer (New Haven, CT: Yale University Press, 2007), 404.

30. 노자의 《도덕경》 *Tao Te Ching*, trans. David Hinton (New York: Counterpoint, 2000), 81.

31. 무신의 다음 책에서 각색하여 인용했다. *Empty Room*, trans. Toming Jun Liu (New York: New Directions, 2011), 7–13.

32. 존 업다이크, "You'll Never Know, Dear, How Much I Love You," in *The Early Stories: 1953–1975* (2003; repr., New York: Random House, 2004), 3–6.
33. 이는 여러 번역본과 각 단어에 관한 연구를 바탕으로 저자가 해석한 《반야심경》(Heart Sutra)의 버전이다.
34. 디트리히 본회퍼가 친구 에버하르트 베트게(Eberhard Bethge)에게 1944년 7월 16일 보낸 편지, *Letters and Papers from Prison*, ed. Eberhard Bethge (New York: Collier Books, 1972), 360.
35. 니콜라우스 쿠자누스, adapted from Pauline Moffitt Watts, *Nicolaus Cusanus: A Fifteenth-Century Vision of Man* (Leiden: E.J. Brill, 1982), 33.
36. 다음 책에서 각색하여 인용했다. Mojdeh Bayat and Mohammad Ali Jamnia, "Anecdotes of Abu Sa'id," in *Tales from the Land of the Sufis* (1994; repr., Boston: Shambhala, 2001), 42.
37. 토마스 무어, *Gospel: The Book of Mark*, trans. Thomas Moore (Nashville: Skylight Paths, 2017), 23.
38. 존 도미니크 크로산, *In Parables* (1973; repr., Sonoma, CA: Polebridge Press, 1992), 75.
39. 에밀리 디킨슨 《에밀리 디킨슨 시 선집》(조애리 옮김, 을유문화사, 2024), *The Complete Poems of Emily Dickinson*, ed. Thomas H. Johnson (Boston: Little, Brown, 1960), 133.
40. 사무엘 베케트 《머피》(이예원 옮김, workroom, 2020), *Murphy* (New York: Grove Press, 1957), 107.
41. 료칸, in *Between the Floating Mist*, n.p.
42. 바쇼, in *Between the Floating Mist*, n.p.
43. 루이스 캐럴, 《앨리스, 이상한 나라의 앨리스, 거울 나라의 앨리

스》(최인자 옮김, 북폴리오, 2005.) *The Annotated Alice*, ed. Martin Gardner (New York: Clarkson N. Potter, Inc., 1960), 89–91.

44. 성엄(聖嚴), in *Essential Zen*, ed. Kazuaki Tanahashi and Tensho David Schneider (San Francisco: Harper-SanFrancisco, 1994), 23.

45. Adapted from Arthur Waley, "On His Baldness," in *More Translations from the Chinese*, trans. Arthur Waley (New York: Knopf, 1919), 84.

46. 토마스 무어, *Meditations: On the Monk Who Dwells in Daily Life* (New York: HarperCollins, 1994).

삶은 비운 후 비로소 시작된다
공허에 대하여

제1판 1쇄 인쇄 | 2025년 9월 10일
제1판 1쇄 발행 | 2025년 9월 20일

지은이 | 토마스 무어
옮긴이 | 박미경
펴낸이 | 하영춘
펴낸곳 | 한국경제신문 한경BP
출판본부장 | 이선정
편집주간 | 김동욱
책임편집 | 오은환
교정교열 | 최혜영
저작권 | 백상아
홍보마케팅 | 김규형·서은실·이여진·박도현
디자인 | 이승욱·권석중

주   소 | 서울특별시 중구 청파로 463
기획편집부 | 02-360-4556, 4584
홍보마케팅부 | 02-360-4595, 4562   FAX | 02-360-4837
H | http://bp.hankyung.com   E | bp@hankyung.com
F | www.facebook.com/hankyungbp
등   록 | 제 2-315(1967. 5. 15)

ISBN 978-89-475-0194-1 03200

책값은 뒤표지에 있습니다.
잘못 만들어진 책은 구입처에서 바꿔드립니다.